ビルマ
タウンゴッ
カバリ・ビーチ
ターヤワディー
ゴー山脈
バゴー地域
バゴー
ヤンゴン
イラワジ地域
パテェイン
ボーガレー
ピャーポン
セマ海岸
ヤンゴン地域
チャイティーヨ
タトン
マナプロウ
パアン
ズェカビン山
メソット
ミャワデイ
ターマニャ山
モーラミャイン
タンビユザヤ
モッタマ
カレン州
イェー
モン州
タ イ
アユタヤ
カンチャナブリ
マウンマガン海岸
ダウェ
バンコク
タニンダイー地域
ベイ諸島
アンダマン海
コータウン
ラノン
ビエンチャン

もっと深い旅をしよう

観光コースでないミャンマー（ビルマ）

Another Myanmar

フォトジャーナリスト
宇田有三

はじめに

本書『観光コースでないミャンマー（ビルマ）』の第Ⅰ部は、名称や呼称など、これまで日本で紹介されてきたこの国に関する紹介内容を見直すための軽い準備運動です。大きな変化を起こしているビルマの今とこれからをしっかりと理解しようと思えば、政治的な変化を予測できなかった自らの反省を含めて、誤解や不正確な部分を含んだビルマの今までの説明をリセットする必要があると思うからです。

第Ⅱ部は、私が一九九三年から二二年間にわたってビルマを歩いた体験を元にしています。日本の国土の一・八倍のビルマ全土（七州七管区）を踏破したのは二〇〇七年。官憲の監視の目が光っていた「州」や「管区」（現在は「地域」と呼ばれる）の境を越えることに困難をきたしたことも多々ありました。それが、民政移管後の今、ほぼ全ての地域を訪れることが可能となっています。ビルマはこれまで、「閉ざされていた国」だっただけに、手付かずの観光資源がまだまだ紹介されていない国でもあります。本書で紹介する観光地は、この間私が苦労して訪問した場所ですが、当時は取り締まりの目を盗みながら行った場所もあります。今なら、簡単に訪問できるはずです。

一九九六年の「ミャンマー観光年」と銘打ったキャンペーン時以来、「五〇万人」という観光客数は長らくの数値目標でした。それが民政移管後の観光客数は、二〇一一年に一〇〇万人に、二〇一四年には三〇〇万人を超え、二〇二〇年には七五〇万人を目指しています。

しかし、早晩、外国人観光客の多くは「どうしてビルマはこうなんだ？　理解しがたい国だぞ」という事態に直面するでしょう。おそらくそれは、どこの国・地域にでもあることでしょう。そこでビルマをより深く理解するために、本書第Ⅲ部に目を通すことで、ビルマが抱える民族や宗教の問題、文化や社会の背景をより深く理解してもらえるであろうと思っています。

宇田有三

✺——目次

第Ⅲ部 ビルマの歴史・民族・宗教

装丁＝商業デザインセンター・増田 絵里

第Ⅰ部

〈ビルマ〉か〈ミャンマー〉か

人民公園（ピィ通り）からシュエダゴン・パゴダを望む

1　激変するビルマ社会

東南アジア最後の軍事独裁政権ビルマ（ミャンマー）が「民政移管」したのは二〇一一年三月。およそ五〇年にわたって「閉ざされた国」の扉がようやく開き、日本でもビルマに関する情報が行き交うようになってきた。特にアジア最後のフロンティアと紹介され、ビジネスチャンスを求める企業の進出ラッシュは後を絶たない。そんなビルマ（ミャンマー）を紹介するにあたって、自分自身、まずは反省の弁から始めなくてはならない。

ビルマは「軍事政権」といいつつ、国際社会でほとんどその名が報じられていなかったタンシュエ議長という独裁者が、一九九〇年代初めから権力を握っていた「独裁国家」でもあった。二〇一〇年の総選挙を経て翌年テインセイン大統領が就任した後、ビルマ・ウォッチャーの多くは、このタンシュエ議長が〝院政〟を敷き、軍事独裁を続けるだろうと思っていた。そのとき、ビルマの大変化を予期した者は、私を含めて、ほとんどいなかった。しかし、民政移管を経た四年後の今、軍政の復活を危惧する声はほとんど聞こえてこない。私自身、それはもうあり得ない

建築ラッシュの続く最大都市ヤンゴン（2012 年）

と思っている。しかし、なぜ私はビルマのこの変化を予想できなかったのか。

当然ながら、どの国も社会も、ましてや人間さえも変化する。どうやら、ビルマは「変化」の仕方が独特で、通常の変化とは異なっているようだ。ビルマは現在、変化の真っ只中にあるので、その変化の原因を明確に指摘することは難しい。「変化の仕方自体が変化している」という、いわゆるパラダイムシフトを起こしているのは間違いない。そうは言いつつ、いくつかその変化の要因を考えてみた。

「ビルマ式」って何？

ビルマ軍政は一時期、「ビルマ式社会主義」の道を選んだ。だが、それは、「社会主義」よりも「ビルマ式」に重点が置かれた政策であった。

「ビルマ式社会主義の思想的な特徴（イデオロギー）

自宅軟禁を解かれた後、温室作りに精を出すキンニュン元首相（74歳、2013年）。かつての威光をあてにして政界への復帰を望む声も一部にある。

は、マルクス主義に拠らず、ソ連や中国の社会主義とは別の行き方を目指すという点にあった。マルクス主義の根源である唯物論を否定し、（中略）人間と環境が相互に影響を与え合う文明と社会の形成を主張した」（根本敬『物語ビルマの歴史』中公新書）

これまで、「ビルマは社会主義だったから」と「社会主義」を強調する人がいたが、実は、そうではないようだ。また、「ビルマ軍事政権」というとき、「軍事政権」よりも「ビルマ（式）」の方に重要性があったともいえる。

独裁者タンシュエ議長のもと、「泣く子も黙る」恐怖政治を敷いたキンニュン元首相がいた。彼は二〇〇四年に失脚し、自宅軟禁に置かれることになった。だが、民政移管後の二〇一二年に解放されると、個人的な恨みを持つ人は別として、「もう終わったことだから」と、彼の過去の罪と責任を糾弾する声は大きく上がらなかった。キンニュン氏は今、退役将校の身分で画廊を開き普通に暮らしている。

他の国で見られるような、前の権力者に対する粛正はほとんど見られない。キンニュン氏の例を見ると、ビルマ軍事独裁政権が形を変えながらもどうしてこれだけ長期間続いたのか、なんとなくわかるような気がする。ビルマ独特の社会がそこにはあるようだ。

さらに、上座仏教（二四二ページ参照）を背景にしたビルマ独自の思想や文化に、研究者をのぞいて、これまであまり関心が払われてこなかったのではなかろうか。ビルマ社会には、外部の者が考える以上に、上位の者（僧侶・先生・親など）の言動にそのまま従う風潮が深く根付いている。また、軍事独裁国家のビルマが語られるとき、上座仏教は上座仏教、軍事政権は軍事政権と別々に考えられていたことも要因の一つに思える。本書の中でも触れるが、「ナッ神」（二五一ページ参照）など人びとの実生活に大きな影響を及ぼす土着の精霊信仰が外部の者に伝わってこなかった。

後知恵になるが、これらの理由が重なり合って、ビルマの変化の独自性が読めなかったのではなかろうか。果たして上座仏教の影響が強いビルマで今後、一般の人の間に法による支配がどこまで広がるのだろうか。実際、今回の民政移管も「上からの改革」の一環であった。

「米の値段」から見たビルマ社会の変化

普通の人びとの暮らしの中から、この間の変化を見直すと、改めて浮かび上がってきた変化もあった。

米屋の値段札。前から３列目、右から２つ目の容器（１カップのミルク缶〈＝約 300㎖〉で 420K〈日本円で約 42 円。為替レートは取材当時〉）が一番減っている（マンダレー）。

軍政時代、政府は人びとの抗議行動を抑えるべく、米の値段を意図的にコントロールしてきた。歴史的に見ると、ビルマで政権を揺るがす抗議行動が起きたのは、英国の植民地支配や軍政時代を含め、食えなくなった人びとが追い詰められて立ち上がったときであった。そこで軍政は、食えなくなるほどに人びとを追い詰めることがないように政権運営に注意をはらっていた。

ヤンゴンで一年ほど滞在した際に気づいたことがある。米の値段は古米ほど高く、新米の方が安いのだ。米はビルマ人の食生活の中心である。ビルマ人の友人曰く、「新米は粘り気が強く、お腹をこわしやすいんだ。それに、古米は炊いたとき、新米に比べて量が増え満腹感を味わうことができるしね」。

それ以来、ヤンゴン市内に限らず、各地をまわって市場の米屋をのぞく際、米の値札を注意深く見るようになった。店の前にズラリと並べられたお米の容器にはそ

アジアハイウェー1号線（カレン州、2003年）

れぞれ、値札が貼られている。米粒の割れた、いわゆる「くず米」の値段はどのくらいなのか。また、並べられたお米の容器の中でどの値段の米が一番減っているのか。それらをじっくり見ていると、米屋に買いに来るその地域の人びとの生活水準が推察できるようになった。

また、米の値段について別のことに気がついた。ほとんどの店が米の値段をビルマ数字だけで表示していたが、数は少ないがビルマ数字とアラビア数字を並記して値段表示している店もあった。

タイ北西部にメソット（Mae Sot）という国境の町がある。アジアと欧州を東西に結ぶ東南アジアの東西回路「アジアハイウェー1号線」（AH1、一四七ページ参照）が、ビルマとタイで結ばれる町である。メソット側では片道三車線の幅広い舗装道路が完成している。だが、ビルマ側のカレン州の東端に位置する町ミャワディ（Myawaddy）では道路建設が長らく中断していた。というのもカレン州東部では、内戦状態が長期にわたって続いていたからである。

民政移管と並行して、ビルマ軍政に対して武装抵抗闘争を続けてきたカレン人の組織「カレン民族同盟（KNU＝Karen National Union）」は二〇一二年一月、ビルマ新政府と歴史的な停戦合意に至った。およそ六三年という世界で最も長い内戦に終止符が打たれることになり、そこで「アジアハイウェー」の残りの部分、ビルマ側のカレン州部分の建設再開が大きく進められることになった。タイの首都バンコクからビルマ最大都市ヤンゴン（Yangon）まで、車を走らせると半日で到達することを期待されている。

そのタイ側の町メソットには、ミャワディから大勢のビルマ人が働きに来る。日中の人口はビルマ人がタイ人を逆転する現象も起こっている。ビルマ人が急増するそのメソットの市場を訪れたとき、ヤンゴンと同じようにお米屋さんをのぞいてみた。そこで気づいたのは、米の値段の多くがビルマ数字とアラビア数字で表示されていたことだ（タイ語表示は見かけなかった）。

軍政下のビルマは、長らく欧米諸国から経済制裁を受けることで、政治や経済が国内で閉じていた時期が長かった。そんな状況下では、数字の表記は国内だけで通じるビルマ語だけでもかまわない。しかし、やがて「アジアハイウェー」がつながり、ビルマの経済活動が国内と外側の社会と強くつながるようになれば、自ずと万国共通のアラビア数字との併記も必要となってくる。

ピックアップトラックの乗り合いバス。ロンジーよりもジーンズ姿が目立つようになった（イラワジ地域、2006 年）

ビルマ国内の若者たちは民政移管後、伝統衣装であるロンジー（longyi ＝巻きスカート）からジーンズへと目に見える形で服装を変えてきた。それと同じようにビルマ国内でこの数年間、ビルマ数字だけで表示されていたお米の値段が、知らないうちにビルマ数字とアラビア数字との併記となっている店が増えてきている。値段表示一つとってみても、変化の兆しはあったのだ。

最大都市ヤンゴンは高層ビルの建築ラッシュが続き、宿泊費はこの数年で三倍にもなり、物価の上昇速度に驚きを隠せない。数カ月国外に出て、再びヤンゴンを訪れてみると、街の様子や人びとの生活様式が一変しているのを何度も経験してきた。頭の中では「変化」を理解しているのだが、それでも感覚が追いついていかない。

もちろんこれらの変化は大都市ヤンゴンや第二の都市マンダレー（Mandalay）を中心に進んでいるにすぎない。地方都市や田舎に行くと、まだまだ牧歌的な風景や人びとの生活に遭遇する。

ビルマを旅する前に

ビルマに関する旅行ガイドブックを手に現地を歩くと、ガイドブックの表記と現地の地名や人名の呼称が異なっていることがある。日本語やローマ字の発音や表記が現地で通じず、困ったことが起こる。そこで、基本的なビルマ語の表記や発音に慣れておきたい。

❖発　音

ビルマ語には基本的に、「キャ（kya）・キュ（kyu）・キョ（kyo）」という音がない。それらは、「チャ（kya）・チュ（kyu）・チョ（kyo）」に置き換えられる。例えば、アウンサンスーチー（Aung San Suu Kyi）をローマ字読みすると、日本語では「アウンサンスーキィー」となるが、実はそう発音しない。アジア太平洋戦争当時、ビルマに侵攻した日本軍は、北部カチン州の州都ミッチーナ（Myitkyina）を「ミートキーナ」と言い表し、戦後出版された戦記物に「ミートキーナ攻防」（『一億人の昭和史 日本の戦史 10 太平洋戦争4』毎日新聞社）というのもある。それゆえ、東京（Tokyo）は「トウキョウ」ではなく「トウチョウ」と発音されたりする。軍政時代にビルマに滞在していた私は、「自分はトウチョウ（盗聴）が首都の国から来たんだ」と冗談をよく言っていた。

また、英語のR音はビルマ語でY音に、ANW (anw) は「アノゥ(アノウー)」と発音される。たとえば、カレン (Karen) →カイン (Kayin)、タニンダリー地域 (Tanintharyi) →タニンダイー地域 (Thaninthayi)、ヤンゴン市の中心部を東西に走る大通り「Anawrahta 通り」は、「アノゥヤター通り」と発音する。また、複雑な例では Myeik を「ベイ」と発音する(一一八ページ参照)。

❖挨　拶

現在、初対面の人と丁寧な挨拶の言葉として多用される「ミンガラバー(こんにちは)」という表現は、実は軍政時代に普及したものである。本来は学校で、生徒が先生など目上の者に対して敬意を込めて用いられていた挨拶である。

実生活で一般のビルマ人は、他のアジアの諸国と同じように「ご飯を食べましたか?」という意味の「サー・ピィビ・ラー(サー〈ごはん〉・ピィビ〈終わる〉ラー〈ですか?〉)」というのが普通である。また、親しい間柄では、日本でも街角で知人に出会ったときの挨拶、「どちらまで」「ちょっと、そこまで」と同じように「ベ・ゴ・トワマロ・レー(どこに・いき・ますか?)」を縮めて「ベ・マレー(どちらまで?)」「ホマ(そこまで)」というのもよく使われる。

❖ビルマ(民族)人の名前

人口のおよそ七割を占めるビルマ人（ビルマ族）には、姓名の「姓」（いわゆる「ファミリーネーム」）がない。たとえば、アウンサンスーチーは一つの名前であり、「アウン・サン・スー・チー」のように「・」で名前の表記を区切るのは本来おかしい。ただ、独立の英雄でもあるアウンサン将軍の娘であるということを強調するために、「アウンサン・スーチー」と表記する文書も時に見られる。また、日本ではこれまで、音節を「・」で区切って、長い名前を読みやすくしてきたという経緯もある。

だが、そろそろ日本のメディアも、ビルマ（族の）人には姓がないという事実を読者にきちんと伝えるという意味で、「・」を取る表記に変えた方がいいのではないだろうか。ちなみに朝日新聞は二〇一二年一月の紙面から「アウン・サン・スー・チー」を「アウンサンスーチー」へと表記を変更した（毎日新聞は以前から）。ただ、カチン州のジンポー人（カチン人）など、氏族社会を構成する民族たちには「姓」があるので、この限りではない。

❖敬　称

日本語の「氏」「さん」に相当するビルマ語は、英語の「男性：ミスター（Mr.）」「女性：ミセス（Mrs.）／ミス（Mis.）」と同じように、男性と女性では異なる。ビルマ語はそれに加えて、年齢によって呼び方が異なる。

成人男性は、名前の前にウー（U）、若者はコー（Ko）を、成人女性はドー（Daw）、若者はマー（Ma）をつける。また、アウンサンスーチーというのは長いので、愛称として「ドー・スー」と呼ばれている。ちなみにビルマ国内の少数派民族であるカレン人の男性敬称は、ソー（Saw）、女性はノー（Naw）と表現する。

もともとビルマ語にない言葉や概念、例えば、「民主主義（デモクラシー）」を表すのはそのまま「ディーモーカレースィー」と言う。

日常用語で、例えば「結婚」をビルマ語では「エイン・タウン」という。これは「エイン＝家」＋「タウン＝刑務所」、つまり結婚とは、すなわち、「家は刑務所と同じ」という含みのある言葉となる。

❖地理的な表記

ビルマ全土の行政区は現在、「２００８年憲法」に従って「七州八地域」である。日本ではこれまで「七州七管区」という説明がされてきた。それが新憲法制定後、①英語訳でdivision（管区）がregion（地域）に変更された。②七地域に一つ、首都が二〇〇六年にヤンゴンからネピドーに移った後、「ネピドー地域」が加えられ八地域となった。しかし日本では、これらの変更はまだ一般的ではなく、従来通りの「七州七管区（八管区）」と説明している書物も多い。

地図でビルマ全土を見ると、最北端はチベットに接し、南はアンダマン海に面する細長い国だとわかる。地図上で第二の都市マンダレーを確認すると、ちょうどビルマの中ほどに位置する。ちなみに、平面地図ではわかりにくいが、北部カチン州北端は、実は沖縄よりも北に位置する。

英国植民地期から軍政初期頃までのビルマ（一八八〇年代後半から一九八〇年代くらいまで）を説明するとき、ヤンゴンとマンダレーを中心にした平野部ビルマを「管区ビルマ」と呼んで、「ビルマ」とした。

植民地時代の英国は、その「管区ビルマ」を直接支配し、それと併行して、ビルマ族以外の諸民族が暮らす山岳地帯や隣国と接する地域を「辺境ビルマ」と呼んでいた。植民者英国は、「辺境ビルマ」で諸民族の藩王や豪族たちに一定の自治・支配権を認めて、間接統治を行った。これを「分割統治」と呼ぶ。その時期、王朝が興亡を繰り返したマンダレーを「上ビルマ」と呼び、それと対になるヤンゴンを「下ビルマ」と呼んでいた。現在、州に割り当てられているのが、かつて間接統治された地域である。

英国から独立し「ビルマ連邦」となった後、「辺境地のビルマ」も「ビルマ」に含まれるようになり、ビルマが地理的に広がった。そのため解説書の違いによって、マンダレーを「上ビルマ」としたり、「中部ビルマ」と呼んだりしている。

また、植民地期から軍政期をへて現在まで、日本語でその呼び方が変わったり、混在しているところに次のような地域がある。イラワジ→エーヤワディ、ペグー→バゴー、アラカン（ヤカイン）→ラカイン、サルウィン河→タンルウィン河、パガン（Pagan）→バガン（Bagan）など。

2 ビルマかミャンマーか

〈ビルマ〉と〈ミャンマー〉

日本では今、この国のことを〈ミャンマー〉という呼び方が一般化している。もし〈ビルマ〉と言おうものなら、年配の人からは「あの国の昔の呼び方だね」、若い人からは「それはどこの国のことですか」と返されるのがオチである。それでは、どうして私が、〈ミャンマー〉という一つの言葉ではなく、「ビルマ（ミャンマー）」あるいは「ミャンマー（ビルマ）」と二つの呼称を併記して使い続けるのか。

結論を先取りすればこういうことである。

私がこの国の名前にあえて〈ビルマ〉と余分な呼称をつけるのは、一九八九年当時のビルマ（ミャンマー）軍事政権が、いくつかの歴史的な事実を書き換え、日本政府と日本のメディアはそのことに対して疑問を差し挟むことなく、慣習的に〈ビルマ〉と定着していた「日本語の国名表記」をビルマ軍政の説明する〈ミャンマー〉という英語表記への変更を当然としてきた、その事実を記しておきたいからである。

時代や社会が変わり、また、その時々の政治勢力によって国や地域の呼称が変わるのも当然であろう。しかしながら、当時の軍事政権を支える言動が繰り返されてきた事実を消してはならないのである。

以下、説明が長くなるがその理由を説明したい。

東南アジア最後の軍事独裁国家だった「ビルマ（ミャンマー）」は二〇一一年三月、「民政移管」を果たした。それまで全国紙で唯一「ビルマ」表記をしていた『朝日新聞』は二〇一二年一月、これまでの「ミャンマー（ビルマ）」という併記表記から（ビルマ）を取り去り、「ミャンマー」とだけ表記するようになった。それと同時に、「アウン・サン・スー・チー」という表記から「・」を取り、「アウンサンスーチー」に変更した。ビルマ（ミャンマー）の問題にあまり詳しくない人には、この変更に気づかなかったかもしれない。

この国の呼称の混乱の発端は、一九八九年に、当時のビルマ軍事政権が対外的な「英語の呼称」を〈ビルマ〉から〈ミャンマー〉に変えたことである。国連は、クーデター政権であろうと、事実上ビルマを「実効支配」しているのはその軍事政権であったため、その呼称変更を受け入れた。日本では外務省やメディアがそれに倣って呼称の変更を行い、それ以来〈ビルマ〉よりも〈ミャンマー〉という呼び方が一般的になっている。

もともと〈ビルマ〉と〈ミャンマー〉は「ムランマー」という同じ語源の言葉で、文語（書き言葉）で〈ミャンマー〉、口語（話し言葉）で〈バマー（ビルマ）〉という使い分けがあった。多くのビルマ人はこの文語と口語の使い分けを自然と行ってきた。軍政に反対するから〈ビルマ〉、軍政を認めているから〈ミャンマー〉と呼ぶということではなかった。言葉そのものには政治的な意味はない。また、この国名の呼び方について単純に、外国人が錯覚して「英語読み〈ビルマ〉」か「現地語読み〈ミャンマー〉」かという問題でもない。さらに、〈ビルマ〉にしろ〈ミャンマー〉にしろ、本来的な意味ではこの二つの語はどちらも「ビルマ族（人）」を意味してきた。

〈ビルマ〉と〈ミャンマー〉をめぐる二つの立場

❖ビルマ語を使う、ビルマの人の立場（主にビルマ人の民主化活動家）

ビルマの人は、国の名前を変えた当時のビルマ軍事政権が選挙を経ずに武力で政権を奪取したクーデター政権であるため、正当性を持たない政権が国名を勝手に変えたことを認めたくないという。

植民者英国からの独立を闘った一九三〇年代のビルマ独立の志士たちは、諸民族を全て含めた統一国家を目指す意味で「ビルマ」という語を使った。つまり、彼らはここで、政治的には中立であった〈ビルマ〉という単語に「諸民族を含めた一つの国民」という意味を付け加えた。そこには諸民族をまとめ上げるための「国家」の誕生を意図していた。

ビルマは一九四八年に英国から独立する。その前年、四七年にできた憲法は国名を「ミャンマー連邦（Pyihtaunsu Myanma Naingan）」として、〈ミャンマー〉という言葉を（もちろん文語なので）使っている。当時はまだ、国家（国民）を表すときに、文語では〈ミャンマー〉、口語では〈ビルマ〉というのが一般的であった。

一九六二年、ネウィン（Ne Win）将軍がクーデターを起こす。ビルマはこのときから軍事政権が始まる。その後、七四年に新しい憲法が制定される。その一九七四年憲法では、これも文書であるので、ビルマ語で「ミャンマー連邦社会主義共和国（Pyihtaunsu Hsoshelit Thanmata Myanma Naingganto）」となっていた。しかし、国連などで使う対外的な英語呼称の国名は、あくまでも〈ビルマ〉であった。

一九八八年、「ビルマ社会主義計画党（ＢＳＰＰ＝Burma Socialist Programme Party）」を率いるネウィン将軍によるビルマ式社会主義体制が行き詰まり、大規模な民主化デモが起こった。その際、ビルマ国軍がクーデターを起こし、国内の騒乱状態を収集するという理由で、あくまでも「暫定政権」という意味で「国家法秩序回復評議会（ＳＬＯＲＣ＝State Law and Order

Restoration Council)」と名乗った。

ＳＬＯＲＣは翌八九年、対外的な「英語呼称」を〈ビルマ〉から〈ミャンマー〉へと変更する。ＳＬＯＲＣはここで、一九三〇年代のビルマ独立の志士たちが意味づけしたことと反対のことを主張した。つまり、〈ビルマ〉という語は「ビルマ族」だけを意味し、〈ミャンマー〉は「ビルマ族を含む諸民族全てを含む」とした。

〈ビルマ〉と〈ミャンマー〉という単語に、どのように意味づけをするのかは歴史的な文脈を無視して語ることはできない。この場合も、一九三〇年代の独立の志士と一九八九年のクーデターを起こした軍部のどちらの主張が、より正しいかは判断できない。どちらの側も、文語〈ミャンマー〉と口語〈ビルマ〉という区別を曖昧にしようとしたに過ぎないからだ。

❖呼称変更は国名だけでなく地域名も

一九八九年に国名を〈ビルマ〉から〈ミャンマー〉へと対外的な「英語呼称」を変えた際、ＳＬＯＲＣは同時に、国内の地名や民族関係の呼称変更も行った。主に英国の植民地時代の「英語表記」を「ビルマ語」に変更した。例えば――

「ラングーン（Rangoo)」→「ヤンゴン（Yangon)」

「ペグー（Pegu)」→「バゴー（Bago)」

「モルメイン／モールメイン（Moulmein）」→「モーラミャイン（Mawlamyaing/Mawlamyine）」

「アラカン州（Arakan State）」→「ラカイン州（Rakhaing/Rakhine State）」

「カレン州（Karen State）」→「カイン州（Kyin State）」

「シポー（Hsipaw）」→「ティボー（Thibaw）」

「チャイントン（Kyaingtong）」／「ケントン（Kengtung）」→「ケントン（Kengtung）」など。


前述したように、ＳＬＯＲＣは、「ビルマ」から「ミャンマー」への英語の呼称変更の理由として、「ミャンマー」という呼称は「ビルマ族を含む諸民族全てを含む」言葉として適当であるとしていた。だが、地名変更を見てみると、例えば、シャン州の「シポー（Hsipaw）」や「チャイントン（Kyaingtong）／ケントン（Kengtung）」から「ティボー（Thibaw）」や「ケントン（Kengtung）」への変更は、本来はシャン語に近い英語表記からビルマ語読みに変わっている。

これらの呼称変更でＳＬＯＲＣは、一九七四年の憲法の「公用語としてビルマ語を用いることにする。必要な場合、当該の土着民族語を用いることができる」という規定を事実上、反故にしている。〈ビルマ〉から〈ミャンマー〉への英語呼称による国名変更は、同時に行った地名の変更を考えると、「ビルマ国内に暮らす諸民族の位置を尊重する」と主張していたＳＬＯＲＣの説明には無理がある。これこそが、諸民族の人びとにとっては、当時のビルマ軍政の進めてきた少数派民族の文化を認めない「汎ビルマ主義」の強制の一つとして受け取るのである。

❖呼称変更は史実の改変

一九八八年までビルマは、ビルマ社会主義計画党が国を支配していた。軍政はこれまで、「ビルマ社会主義計画党」を英語で表す際、国営英字紙などでは「BSPP」と表記していたのを、クーデター後は「MSPP（Myanmar Socialist Programme Party）」と改変するようになった。国家法秩序回復評議会（SLORC）は、「史実」としてあった「ビルマ（Burma）」という呼称をすべて「ミャンマー（Myanmar）」に変えることで、英語の呼称〈ビルマ（Burma）〉の歴史を消し去ろうとしているようである。このように歴史的な表記まで変更することは果たして許されるのだろうか。歴史的な事実の書き換えである。アジア太平洋戦争を舞台にした小説『ビルマの竪琴』を『ミャンマーの竪琴』に題名を改変するようなものである。

❖軍政自体が呼称を変更する

先に述べたとおり、一九八八年の大規模な民主化運動で国内が騒乱状態に陥った当初、軍事クーデター政権はあくまでも「暫定政権」という意味で、国家法秩序回復評議会（SLORC＝State Law and Order Restoration Council）と名乗っていた。

ところが同じ軍政は九年後の一九九七年、「暫定政権」という意味を捨て、これからも政権を担う意志を明確にした「国家平和発展評議会（SPDC＝State Peace and Development

Council)」を名乗った。

ビルマ軍政の動きを見ると、〈ビルマ〉から〈ミャンマー〉という国名の変更は、単に名前の変更だけでなく、そこには必ず、公にはされない隠された変更がいくつもあった。ビルマの歴史、国民の意思や法を無視して、史実を書き換えるまでして自らの政権の正当性を強調しようとする名称変更だったからだ。

❈ビルマの人以外の立場（例えば、日本語を使う私たち）

日本語を使うわれわれはこの立場である。

江戸時代に鎖国をしていた「日本」は当時、外国との交流は主にオランダと中国であった。それゆえ、〈ビルマ〉という呼称は、オランダ語の「Birma」から取り入れられた（漢字表記では中国語から取った「緬甸」や「緬」を使う）。それ以降、日本ではオランダ語を語源とする〈ビルマ〉が定着してきた。

一九八九年、当時のビルマ軍政は英語の呼称変更を日本政府に通告する。日本政府は、その通告に従って、日本語表記を〈ビルマ〉から〈ミャンマー〉に変更した。しかし、日本政府は、なぜ、オランダ語から派生した日本語読みの〈ビルマ〉を、英語読みの〈ミャンマー〉に変える必要があったのか、その説明を明確に行っていない。

例えば、ポルトガル語読みの「オランダ」を英語読みで「ネザーランド」としているのだろうか。もしオランダ政府から要請があれば「ネザーランド」に変更するのだろうか。日本国内でも、韓国は「コリア」へ、中国は「チャイナ」と英語読みにするというのだろうか。

前述したように、ビルマの「一九四七年憲法」では国名を「ミャンマー連邦」と表記、「一九七四年憲法」でも「ミャンマー連邦社会主義共和国」としている。二つとも文語であるから、文字通り訳すと〈ミャンマー〉というのが正しい。しかし、日本では公式に、「一九四七年憲法」と「一九七四年憲法」に記載されている国名を「ビルマ連邦」「ビルマ連邦社会主義共和国」と訳していた経緯がある。

次に、当時（一九八九年一～一二月）の日本の新聞が、〈ビルマ〉から〈ミャンマー〉へと変更した説明を見てみよう。

＊（1）民族主義の台頭や国内事情を考え、現地の呼び方を尊重する（2）現地の発音に近い表記をとる（3）慣用化した書き方は変えない。（朝日新聞）

＊現地から英語式の呼び方をやめるよう求めてきました。外務省が認めたので。（朝日新聞）

＊日本の外務省が正式国名として採用するのを始め、国連でも名称を変更するなど、国際的に認知の輪を広げている。（朝日新聞）

＊ビルマ大使館からの変更通告に伴い、日本政府は六月三十日に表記変更を決めました。今回の措置はこれを受けたものです。（読売新聞）

＊（1）現地の呼び方を尊重する（2）現地の発音に近い表記をする——を基準とし（北海道新聞）

＊現地政府から英語式の呼び方をせず、国名を「ミャンマー」とし、首都名も「ヤンゴン」（旧ラングーン）とするよう要請があり、外務省も認めたので七月九日からこの呼称に変えました。（毎日新聞）

＊ビルマがこのほど国名を「ミャンマー」と改め、国連など国際機関、各国政府とともに、日本政府も呼称変更を受け入れました。これに伴い、本社も一日から呼称をミャンマー（旧ビルマ）とします。（中日新聞）

＊ビルマが自国国名をこれまでの英語の読み方の「ビルマ」から、自国流の読み方の「ミャンマー」に変更、その旨を外交ルートを通じて通報してきたのを受けたもの。（中日新聞）

このような説明を見る限り、日本の新聞は、日本政府の広報紙のようになって、政府の方針をそのままなぞっているにすぎないといえる。新聞各紙は、現地の呼び方や発音を尊重する方針だとしている。だが、〈ビルマ〉と〈ミャンマー〉は本来、同じ「ビルマ族」を表しているだけである。ビルマ民族以外の諸民族の存在は、少なくともこれらの説明の中には感じられない。ビルマにおいて最も重要な問題である民族問題をすっ飛ばしている。現地読みと言えば聞こえはいいが、実は、そのビルマ語読みを採用する基準やその危険性を全く考慮に入れていない。つまりは現地への理解不足があった。

ビルマ（ミャンマー）新政権は二〇一一年三月の民政移管後の国際会議の場で、諸外国に対して、自国の英語呼称を〈ビルマ（Burma）〉ではなく、〈ミャンマー（Myanmar）〉と呼ぶように求めている。だが、果たして、外国の報道機関にまであえて、〈ミャンマー〉表記を求めているのだろうか。二〇一二年一月末、民政移管後の新政権のテインセイン大統領に単独会見を行った初の外国の報道機関、米国の『ワシントン・ポスト』は、その報告記事の中で〈ミャンマー（Myanmar）〉を使わず、〈ビルマ（Burma）〉を使っている。〈ビルマ〉使用の外国の報道機関がメディアとして初めて、〈ビルマ〉の最高責任者にインタビューしたのである。各メディアが、自らが自らの判断として、どう報道するのかが、実は問われているのである。

しかしながら、私のまわりでは最近、特に民政移管後、〈ビルマ〉呼称を使っていた現地のビルマ人の友人たちも〈ミャンマー〉という呼び方を使うようになってきた。これまで軍政に批判的な民主化活動家さえも呼び方を変えるようになっていた。そのため、現地で取材していると、私も意識しないうちに〈ビルマ〉を〈ミャンマー〉と口にするようになってきた。

〈ビルマ〉と〈ミャンマー〉に関して、私は二〇一三年の半ばまで、次のような説明をしていた。

〈東京外国語大学や大阪大学外国語学部（旧大阪外国語大学）のウェブサイトを見ると今も「ビルマ」「ビルマ語」と、従来の日本語表記を使い続けている。日本のビルマ研究者の中には〈ミャンマー〉表記を使っている研究者も増えつつあるが、その研究者の集いの名称はいまだに「ビルマ研究会」である〉

だが、二〇一五年一月、東京外大のウェブサイトを再確認してみると、以下のように変更されていた。

〈ビルマ語はミャンマー連邦共和国（人口約六〇〇〇万）の公用語で、五〇〇〇万人ほどの話者人口を持つ言語です。一一世紀の初の統一パガン王朝時代から、ビルマ人は石碑、貝葉や紙などの媒体に、歴史や文学、宗教観などを多数記してきました。

その表記に使われるのがインド系の文字であるビルマ文字です。ビルマ文字は真円を基調とする、まるで視力検査の記号のようで、一度見たら忘れることができないでしょう。（中略）

このような大きな変革時期に、日本でも政治、経済、文化的にミャンマーに関わる人材が広く求められています。約九割が篤い上座仏教徒で、日常のせわしさの中にも静かで落ち着いた宗教生活が息づいているとともに、多くの少数民族との共存が模索されている国でもあります」

以前には見られなかった〈ミャンマー〉という呼称が使われ、〈ビルマ〉と混在するようになった。ここでは、主に国名を表すときは〈ミャンマー〉、民族や言葉を表すときは〈ビルマ〉を使用しているようである。

ビルマ問題に関わってきた多くの人は、二〇一一年の民政移管は、軍政が生き残るための見せかけで、その改革を信用できないと疑いの目で見ていた。さらに、新憲法の規定に、非常事態の規定や国会議員の二五％があらかじめ軍部に割り当てられていることなどがあり、あくまでも軍の権力が温存される憲法で、望ましい民主体制への道のりはまだこれからという印象であった。だが、その後の政治や経済などの社会改革は大きく、誰もが軍政への後戻りができないと確信するようになっていった。それゆえ、〈ミャンマー〉読みが普通になってきたようだ。それに伴い、これまで英語で〈Burma〉表記していた欧米メディアも次第に〈Myanmar〉表記を採用するようになっていった。

❖ビルマの人びとのアイデンティティ

これまで、ビルマ全土を歩きまわり、それぞれの訪問地で出会う人びとに、機会があれば同じ質問を投げかけてきた。

「バー・ルゥーミョー・レー〈あなたは何人〈何民族ですか〉？〉」と。

一〇年ほど前は、ビルマ人であればその答えとして、「バマー（ビルマ人です）」とか、カチン（ジンポー）の人であれば「カチン・ルゥミョー（カチン人です）」という返答があったし、それぞれ「ラワン・ルゥミョー（ラワン人です）」「チン・ルゥミョー（チン人です）」「ムスリム（ムスリム人で
す。筆者注＝ビルマでは、イスラーム教を信奉する人びとを「ムスリム人」として、「民族」や「人」と説明する方が実態に合っている。二三四ページ参照）」と各民族名や宗教名を表す答えがあった。

ところがここ数年は、軍政時代の教育が徹底してきたのか、「あなたは何人（何民族ですか？）」という質問に対して「ミャンマー（ミャンマー人です）」と返答する人びとが増えてきた。

ビルマ族の人が「ミャンマー」と答えるのはまだ理解できるのだが、ビルマ族以外の人が「ミャンマー」と即答する人がほとんどだったのには驚いた。そこで、「ミャンマー」と答えた人に対しては、「バマー（ビルマ族）ですか？」と重ねて質問をするようにしている。それに対して、ビルマ族の人なら「バマー」との返答があり、それ以外の民族の人なら、例えば「カレン・ルゥミョー（カレン人です）」とか「モン・ルゥミョー（モン人です）」という返事があった。彼ら

は、「ミャンマー国籍」の「カレン（民族の）人」という意味で答え始めたようだ。

軍政下で「ミャンマー」使用を強制してきた結果として「ミャンマー」と答える人が増えてきた。さらに、民政移管前後から、ミャンマー国民としての意識から「ミャンマー」と返答する人が自然になってきた。

国名の変更の後、二〇一〇年には新しい国旗が掲げられるようになってきた。最初の頃、民主化勢力の人たちは新しい国旗を使うのに反対していたが、これもやがて自然な形で受け入れられるようになっていった。そのあたりは上座仏教社会を表しているのだろうか、日本社会以上に過去を忘れっぽいところがある。

私自身、ビルマの変化を見通せなかった反省を頭の隅に置きながら、今も現地取材を続けている。民政移管後のビルマでは、ビルマ族の人に限らず、ラカイン族やカレン族などの少数派民族の人びとも最近、自分たちのアイデンティティを「民族」よりも「国民」の方により強く意識を持つようになっている。そんなことに改めて気づいた。

今や日本に限らず、現地でも〈ミャンマー〉という呼び方が一般化した。日本では、〈ミャンマー〉という国の中に〈ビルマ〉という地域があると思っている人や、〈ビルマ〉と〈ミャンマー〉という別々の国があると勘違いしている若い人もいる。そのため、〈ビルマ〉という国名だけを使い続けると、限られた人にだけしか取材報告が届かないおそれが出てきた。そこで私も徐々に、「ビルマ（ミャンマー）」、あるいは「ミャンマー（ビルマ）」という表記を使い始めている。

そこで、書名については、出版社の意向を受け入れて「ミャンマー（ビルマ）」とした。本文では国名と民族名が入り混じって複雑になってしまうので、以下のようにしたいと思う。国名は「ビルマ」とする。「民族」という人の集団を表す際には、「ビルマ人」「ジンポー人」「カレン人」などとする。「カチン」などはカチン州内に暮らす諸民族の総称なので、ジンポー人、ラワン人のようにできるだけ具体的な民族名に「人」をつけることにする。

第Ⅱ部

ビルマ七州八地域を歩く

ヤンゴンの町中を歩くと、客待ちのサイカー、菩提樹の下に据えられた「ナッ神」の祠、町ゆく人のために用意された「水瓶」などを目にする。

1　ヤンゴン地域

ヤンゴン地域（Yangon Region）にあるビルマ最大の都市、人口約六〇〇万人のヤンゴン市をどう捉えるか。観光でヤンゴン市を訪れると、下町地区ではスーレー・パゴダ（Sule Pagoda）付近が、山手地区ではシュエダゴン・パゴダ（Shwedagon Pagoda）辺りがその活動範囲の中心となる。多くの観光客は、ちょっと騒がしい下町がヤンゴンの姿だと捉えがちだが、実はシュエダゴン・パゴダ北側の一軒家や邸宅が建ち並ぶ閑静な住宅街もまた、ヤンゴンなのである。また、フレイダン（Hladan）交差点まで足を伸ばせば、すぐ近くにヤンゴン大学があり、若者でにぎわう学生街の雰囲気を感じることができる。

軍政時代の一九九五年、アウンサンスーチー氏が一度目の自宅軟禁から「解放」されると、ヤンゴンでは学生による政治活動が再び活発になった。そのためヤンゴン市内にある各大学は、一九九六年から二〇〇〇年まで閉鎖されることになってしまう。再開後の大学も、大学生が市内にいると何かと政治運動に関わってしまうので、その対策として当局は、各大学のキャンパスを

ダダー・ピュー（白い橋）のバス停からインヤ湖へ通じる湖畔道

ヤンゴン市郊外に移転させてしまった。その後、ヤンゴン大学は人数の限られた大学院生以上の学生だけが通う教育機関となった。学部生の多くは、ヤンゴン市内から郊外の大学まで、ぎゅうぎゅう詰めの乗り心地の悪い旧型のバスで通学せざるを得なくなった。彼らは通学だけで疲れてしまい、政治運動に関わる気力を失っていった。

しかし、これも「民政移管」の影響だろうか、二〇一四年以降、ヤンゴン大学に学部生を再び受け入れるという話が浮上している。

ヤンゴン大学の西に走る幹線道路ピィ（Pyay）通りを北に上がると、インヤ湖（Inya Lake）に出る。そこは、一九八八年の民主化デモが起こったとき、多くの学生が軍政の暴力で命を落とした場所である。インヤ湖畔に「ダダー・ピュー（白い橋）」という名のバス停があるのだが、当時、学生の流した血にならって「ダダー・ニー（赤い橋）」とも呼ばれた。だが、今ではその出来事もすっかり忘れられている。しかし、八八年の民主化デモを経験した四五歳以上の者にとって、忘れられない場所であることは間違いない。インヤ湖畔の遊歩道は今、夜明け前は健康増進のために散策する人の影が重なり、土日は若いカップルが肩寄せ合って時を過ごす市民の憩いの場となっている。

フライン（Hlaing）川やヤンゴン川を挟んだ対岸は工場が建ち並ぶ地域である。また、ダゴン（Dagon）地区やタケタ（Thaketa）地区は今後、新しい工場や住宅がますます建設されていくだろう。このさき一〇年でヤンゴンは「大ヤンゴン」となり、その姿は今とはまったく異なった様相を表すだろうというのが誰もが一致する見方である。

シュエダゴン・パゴダ

ビルマ人の旅行といえば、なによりもまずパゴダ（Pagoda＝仏塔）への参拝旅行が挙げられる。英語でパゴダ（サンスクリット語で「ストゥーパ＝Stupa」）、日本語で仏塔と言い表されるが、ビルマ語では形の違いによって「パヤー（Paya）」とか「ゼディー（Zeti）」とか呼ばれるのが一般的である。英語のパゴダの語源は、シンハリ語あるいはパーリ語の「ダーゴバ」から派生し、その後ポルトガル語の「パゴデ（pagode）」から由来したとされる。ビルマは、英国や日本との繋がりはよく説明されるが、実はポルトガルとの関係も深い（一二一・一三〇ページ参照）。そのパゴ

夕暮れのシュエダゴン・パゴダ（東側の参道から）

ダはもともと、お釈迦様（ブッダ）の入滅後、八つに分けられた遺骨を納めたものが各地に広まったもので、レンガを積み上げ固められた構造物である。まれに、下部が広い空間となっていたり、鏡張りの回廊となって立ち入りできるもの（ヤンゴンのボーダータウン・パゴダなど）もある。僧侶が暮らす寺院は「ポンジー・チャウン（Pongyi Chaung)」という。

軍政時代に移動の自由が制限されていたビルマ人にとって、特別な理由なく地域や州境を越えることが可能だったのは、参拝旅行だけだった。それは、軍政の仏教保護政策の一つでもあった。ビルマ人に「旅行へ行ったよ」と話すと、やれ「パガンのアーナンダ寺院（Ananda Temple)に行ったか、バゴーのシュエモードー・パゴダ(Shwemawdaw Pagoda)を見たか？　チャイティーヨ・パゴダ（Kyaikhtiyo Pagoda、通称ゴールデン・ロック）はどうだった」という話になる。

それらパゴダの筆頭は、ヤンゴンの中心にそびえ立つシュエダゴン・パゴダ（Shwedagon Pagoda）であろう。そのシュエダゴン・パゴダの境内へは、東西南北のどの出入り口からでも入ることができるが、パゴダへの参道が一番長い東口がお勧めである（お土産屋さんも一番多い）。朝四時から夜一〇時まで開門している。もっとも、どこの入り口から入っても外国人向けの料金八ドル（二〇一五年二月現在）は必ず払わなければならない。日中のシュエダゴン・パゴダも見栄えがあるが、ライトアップした夜間のシュエダゴン・パゴダもまた美しい。夜、シュエダゴン・パゴダの境内に入ろうと思ったら、日中手に入れた当日の領収書と胸に貼る入域シールをなくさないようにしておいた方がよい。

シュエダゴン・パゴダへの参拝は、まずは自分の生まれた曜日の方角を目指す。例えば、私は月曜日生まれなので東の方向を示す地点に向かう。そこには、東のシンボルである虎の像とその背後に仏陀の像がある。参拝者は、備え付けの小さな容器で聖水をすくい、仏陀の像や虎の像に振りかける。その後、仏塔に向かって両手を合わせ、三度、跪拝《きはい》する。それがビルマ式参拝方法である。シュエダゴン・パゴダは大きいパゴダなので、この虎と仏像の組み合わせは、パゴダに向かって左右に二つセットになっている。

また境内に、「アウン・ミエ」と呼ばれる、特別に祈る場所がある。アウン＝勝つ、ミエ＝土（地面）、つまり土に勝つ↓（転じて）↓「幸運を呼ぶ場所」という意味である。上座仏教の中心

シュエダゴン・パゴダ境内の「アウン・ミェ」で祈る人びと

でもあるシュエダゴン・パゴダは、本来なら見返りを求めず無心になって拝む場所であるが、このアウン・ミェでは御利益を求めて祈るのである。戒律の厳しい敬虔な上座仏教の聖地とされるシュエダゴン・パゴダであるが、上座仏教思想だけでなく、世俗的な考えも受け入れている興味深い場所であることを意味している。

アウン・ミェの位置は、北側と西側の中間あたりで、現地の人びとが集まって手を合わせている場所があるので、見逃すことはないであろう。そのアウン・ミエの横では毎年一月四日の独立記念日(一九四八年一月四日、英国から独立)前後、シュエダゴン・パゴダで修行をしている僧侶の筆記試験が行われる。若い僧侶たちが頭を抱えながら試験用紙に向かっているのも間近で見ることができる。

シュエダゴン・パゴダ内にある学生祈念碑

シュエダゴン・パゴダの境内は広い。パゴダ参拝の主眼である自ら生まれた曜日に参拝した後は、インドのブッダガヤーのマハーボディー寺院（Maha Bodi Temple）を模した仏塔や各種の仏像を見てまわることになる。また、男性のみの立ち入りが許された場所もあるので注意が必要である。

この広い境内の中でぜひ、見てもらいたい祈念碑がある。それは、境内の南西の奥まった位置に建つ「学生祈念碑」である。この祈念碑には、一九二〇年に英国の植民地支配に対して抵抗運動を起こした当時の学生の名前が、英語・ビルマ・ロシア語・スペイン語の四カ国語で刻まれている。英国によるビルマ支配は当初、英領インド帝国の「一部の州」として支配された。そのような格下の扱いにビルマ人たちは尊厳を傷つけられ、やがて民族意識や国民意識を高めることにもつながっていく。このように、

ヤンゴン・ベズンダウン地区にある「YMBA」の本部

仏教だけでなく、政治的な祈念碑も建っているのがシュエダゴン・パゴダ境内の興味深いところである。ビルマでは政治的な運動を率いていたのは、実はエリートの学生と僧侶という歴史もある。

ヤンゴン市内のベズンダウン（Pazundaung）地区に仏教青年会という団体が今も精力的な活動を続けている。この仏教青年会、英語表記では「Young Men's Buddhist Association」すなわち「ＹＭＢＡ」となる。まさに「ＹＭＣＡ」（Young Men's Christian Association）にならった僧侶を中心とした青年組織こそが、英国植民地下で独立闘争を始めた勢力の一つでもある。

国民民主連盟（ＮＬＤ）本部

シュエダゴン・パゴダに来たら、アウンサンスーチー氏が党首を務める「国民民主連盟（ＮＬＤ＝National League for Democracy）」の本部を訪れてみよう。

シュエダゴン・パゴダの東口の参道を出て、一直線の道を真っ直ぐに東へ向かわず、最初の四つ角を左に曲がる。仏具や食堂が並ぶ通りをひやかしながら五分ほど歩くと三叉路に出る。そこを北（左）に曲がってまっすぐ進むと、再び三叉路の シュエ・ゴン・ダイン（West Shwe Gone Taing）通りに突き当たる。右手に高層のユザナ・ホテル（Yuzana Hotel）が見える。シュエ・ゴン・ダイン通りの向こう側、すぐ左手の家の屋上（家具屋の隣）にＮＬＤの赤い旗が見える。道に迷いそうになったら、とりあえずユザナ・ホテルを目指そう。

「民政移管」までのビルマは、ＮＬＤ本部をおおっぴらに訪れるのには勇気が必要だった。その「民政移管」直後も、この改革は見せかけで、もしかしたら再び軍部の強硬派が巻き返しに出るのでは、と疑心暗鬼の人が多かった。だが、二〇一二年にもなると、当局によるＮＬＤ幹部宅への監視の目は解かれ、その後は、ＮＬＤ本部への訪問のハードルは目に見えて下がって、今や観光ルートの一つにさえなっている。

ＮＬＤの事務所の中には、記念品売り場もあり、外国人だけでなく地方から来たビルマ人が、カレンダーや書籍、ＮＬＤのバッジやＴシャツを買い込んでいる。もちろん政党活動をしている場所であるから、ビルマ全土から訪問者がやってくる。もしビルマの政治に興味があるのなら、各地からやってくるＮＬＤの党員と語り合う機会もある。

スーチー氏は、二〇一二年四月に行われた国会議員の補欠選挙に当選した後、国会開会中はヤンゴン

国民民主連盟（NLD）の党本部（2015 年）

にいるよりも、新首都ネピドーにいることが多い。ただ、自身の誕生日（六月一九日）や独立記念日（一月四日）、あるいは殉教者の日（七月一九日）など、大きなイベントがあるときなど、スーチー氏自身がＮＬＤの本部に姿を現すことがある。運が良ければスーチー氏の姿を垣間見ることができるかもしれない。

その「殉教者の日」とは、スーチー氏のお父さんで、独立の英雄アウンサン将軍（ボージョー・アウンサウン〈Bogyoke Aung San〉）が三二歳の若さで殺害された日である（二二二～二二六ページ参照）。

ビルマは一九世紀末、インドの一部として英国の植民地となり、アジア太平洋戦争のときには日本に侵略され、日本の傀儡政権ができた歴史を持つ。実際、ビルマ国軍は日本軍がそのおおもとを作った。英国から独立した後、ビルマ軍事政権の採用した治安・監視体制などは、まさに旧日本軍のやり方を真似たのである。例えば、二〇一二年八月、これまで報道を制限していた出版物の事前検閲制度が廃止されたのだが、ビルマの事前検閲は、「Kempeitai Cord（Press Kempeitai）」と呼ばれていた。

日本の敗戦後、英国が再び植民地支配を再開しようとしたとき、ビルマの真の独立を目指したのがアウンサウン将軍であった。それゆえ、

カンドージー湖（ヤンゴン市）の畔に建つアウンサン将軍の像

一九六二年から始まった軍政の歴代幹部も、独立の英雄であるアウンサン将軍の娘で、軍政に明確な反対の意思を表明するスーチー氏にどう対応していいのかわからなかった。そのため、スーチー氏を自宅軟禁に置くことが精一杯の締め付けであった。そのアウンサン将軍の軌跡をたどる「アウンサン将軍記念館」（シュエダゴンパゴダ〈東口〉・カンドージー湖畔〈Kan Daw Gyi Lake〉の日本大使館近く）はこれまで、年に一度の「殉教者の日」である七月一九日にしか一般開放していなかった。だが、急激に進む改革の一環として、記念館は常時開館されるようになった。

ビルマの人びとは、敬意を示して彼のことを「アウンサウン将軍」と、軍人への敬称を付けて呼ぶ。だが、アウンサウン将軍の経歴は、一九三八年一〇月のタキン党（反英運動の民族団体）への

アウンサン将軍博物館

入党から四〇年八月までの活動家の時期、一九四一年一二月のビルマ独立義勇軍（BIA＝Burma Independence Army）から四五年九月までの軍歴、四五年九月から四七年七月までの政治家としての時期をふり返ると、その半分は民間人として活動している。独立後は特に、政治家として活動している。

それは、軍が政治に関わるのは良くない、政治はあくまでも非暴力な手段で行うべきだという強い思いがアウンサン将軍にあったからである。もし、ビルマの人びとが、アウンサン将軍のそういう意図に賛同するなら、「ウー・アウンサウン」と呼ぶ日が来るかもしれない。

もっともビルマの人びとが今も、「ウー・アウンサン」ではなく、「ボージョー・アウンサン（ボージョーとは偉大なる将軍）」と呼び続けているのは、軍政時代に人びとを抑圧していた軍に対して、《本当の将軍とは、人びとのことを思いやり、国民のために働く組織の長である》という心情を持ち続けているからでもある。それはまた、統治者である上位の者は慈悲の気持ちをもって人びとを治めるのだ、という上座仏教的な思想がその背景にある。

また、スーチー氏の立場について誤解している日本人も多い。特に一九九一年にノーベル平和賞を受賞したという影響もあってか、スーチー氏は人権活動家や民主活動家としての側面が強調されている。それゆえ、スーチー氏の政治家としての手腕に疑問を抱いている人が多い。政治家として経験がない、未熟だ、と。だが、スーチー氏自身、「(もともと)私は人権活動家ではなく政治家として活動し始めた」と述べている(DVB＝Democratic Voice of Burma:二〇一三年一〇月)。

スーチー氏は一九九五年の第一回目の自宅軟禁からの解放後のインタビューに、次のように答えている。これは、スーチー氏自身が、権力を持つ政治家(例えば大統領のような立場)になったことを想定している問答である(アウンサンスーチー『希望の声〈増補版〉』岩波書店)。

問:自由で民主的なビルマの指導者として、あなたが、人間に対して暴力を用いる決定を、明らかに人を殺すことになる武力を発動する決定をしなければならないところを想像できますか。
答:状況によっては、政府の一員は、誰でもそのような決定をしなければならないかもしれません。
問:それでは、武器と暴力の「たくみな」使用も、いわば政治家に付随する領域としてやむを得ないと?

答：それは、政治家の「職業に伴う危険」です。

おすすめのバスルート

ビルマの人びとの、とりわけヤンゴンの人びとの息づかいを感じようと思えば、地元の人が利用するローカル・バスに乗ることをお勧めする。しかし、信頼に値するヤンゴンのバス路線図を手に入れることは極めて難しい。ヤンゴンの人でさえ、自分が普段乗るバス以外の路線のことはよく知らない。さらに公営バス以外に私営の小型バスが数多く走っており、行き先不明のバスに乗り込むには躊躇する。そこで私のお勧めは、バスルート五一番に乗ってみることだ。この五一番は、ヤンゴンの下町の中心スーレー・パゴダから、市場や住宅街を抜け、軍の病院や施設などが立ち並ぶ幹線を南から北に向かって一時間半近く縦断するのだ。この五一番のバスの車窓から町を眺めると、とりあえずはヤンゴン市の全体像が掴めるであろう。

乗車前から気をつけておくべきことがある。バスに乗ると、進行方向に向かって右側の座席に座らなければ街並みを眺めることはできない。二車線以上ある道路では、車は右側通行である。右ハンドルで右車線というのは、本来ならあり得ないのだが（左折する場合に運転手が対向車線からの車を確認できずに危険）、これは軍政時代からの習わしなのでいかんともしがたい。もちろん、ビルマ国内で組み立てられる数少ない新車は左ハンドルである。また、欧米からの車の輸入が始まる兆し

51 番バス（上）とビルマ数字の「51」

が見える中、街中の多くを走る中古車のほとんどは日本からの輸入で、右ハンドルである。

また、座席を確保するため、停車したバスにわれ先に乗ろうとする現地の人にまじって外国人が奮闘するのも大変である。そこで、スーレー・パゴダから歩いて数分、バスルート五一番の始発場所である三一番街とマーチャント（Merchant）通りから乗車すると、比較的余裕を持って座席を確保できる。ちなみにバスの料金も、急な物価高の影響で初乗り五〇〜一〇〇K（日本円で約五〜一〇円。為替レートは取材当時〈以下同じ〉）、距離によって異なるが、大体二〇〇Kほどで目的地に着く。ビルマのお金は、「Kyat（チャット）」と発音、「K」と表示する。

始発バスは、満員にならなくても、だいたい一〇分毎に発車する。車掌がお金を集めに来たら、「どこまで行く？」（もちろん、

ピィ通りを走行中、バスの中からシュエダゴン・パゴダに向かって手を合わせる。

ビルマ語で）と尋ねられるので、最終地点が近い「レグー（Hlegu）まで」と言っておけばいいだろう。料金は二〇〇K札を出せば十分である。一つ気をつけなければならないのは、一番前の座席か二つ目くらいまでは、席が空いていても座らないように。途中で僧侶が乗ってくると席を譲らねばならないので避けておいた方が無難である。

走り始めた五一番のバスは、まずは西に向かい、中華街のポンジー（Pongyi）通りを北上して幹線道路のピィ通りに入り、そのまま空港のあるミンガラドン（Mingaladon）地区を目指す。

約半時間も走ると、右手に大きく見えてくるのは人民公園を手前に、その向こうにシュエダゴン・パゴダの西口。バスの中をよく観察してみると、シュエダゴン・パゴダに向かって手を合わす人がいる。左手には「旧国会議事堂跡」の広場。

バスはミニゴン（Minigon/San Chaung）の高架橋を北上し、ロータリーを何カ所かまわって、フレイダン交差点の立体交差を通過する。ミニゴンからフレイダンの間はこれまで、おそらくヤンゴンで最も交通渋滞の激しい地点だった。二〇一三年半ば、ようやく高架橋が完成し、その渋滞が解消された。そのフレイダン交差点の右手にはヤンゴン大学が見える。

ヤンゴン大学は、米国のオバマ大統領が二〇一二年一一月に訪緬（ビルマ）した際、わずか六時間だけのビルマ訪問であったが、米国の現役の大統領として初めて演説を行った場所である。ヤンゴン大学は一九二〇年と一九三六年、英国の植民地政策に対して、エリート学生たちが「ラングーン大学・学生ストライキ」を行った抵抗運動の歴史を持つ。

ちなみに、フレイダンの交差点から四車線の大学道路（University Ave.）を東に向かうと、五分ほどで左手にスーチー氏の自宅が見えてくる（五一番バスは通らないので注意）。自宅周辺はずっと竹垣で覆われていたが、二〇一一年末、クリントン米国国務長官（当時）が訪問するということで急遽、門構えやコンクリート造りの塀が整備された。二〇一〇年一一月にスーチー氏が自宅軟禁から「解放」されるまで、スーチー氏の自宅前の大学道路周辺では車両（特にタクシーなどは）の通行は厳しく制限されていた。今は、自由な往来ができるので、スーチー氏の自宅の外観を見ることができる。門にはスーチー氏が党首を務める国民民主連盟（ＮＬＤ）のステッカーやアウンサン将軍の肖像画が飾られているのですぐにわかる。門の前で記念撮影している観光客も見かける。

北上し続ける五一番のバスは、かつての軍の施設を右手に「八マイル交差点（シンマイ交差点＝8 mile junction）」にやってくる。交差点の右側にはヤンゴンホテルが目印として建つ。この辺りに来ると、ヤンゴンの中心部から外れる。しばらくするとバスは左に大きく曲がる。まっすぐ行くと、ヤンゴン国際空港である。左に曲がったバスは一路、西に向かう。この辺りは数年前まで、軍の病院や施設が集まっている地域（通称ミンガラドン）だったので、軍服を着た軍人を多く見かける場所だった。

五一番バスはそのまま、車線の幅が広くなった道路を一〇～一五分ほど走り、終点の小さなバスターミナルに到着する。終点でバスを降り、次はバゴー行きのバスに乗り替え、タウチャン（Taukkyan）という町に向かう（タウチャン行きの小型バスや改造ピックアップバスでもよい）。

終点から小型バスに乗って約一五分ほど走ると、右手に連合国軍記念墓地（Allied War Memorial Cemetery）が見えてくる。ここは、アジア太平洋戦争中に連合国軍側について戦った兵士たちの記念墓地である。ここまで来ると、バスは一〇分ほどで大きな三叉路の地点タウチャンに着く。

この三叉路地点でバスを下りて、オートバイ・タクシーかサイカー（サイドカー、文字通り自転車の横に椅子を取り付けた乗り物。近いと格安で便利だが、遠い距離だと時間がかかるうえに料金も高めになる。値段は交渉制）で連合国軍記念墓地まで往復するとよい。この辺りでは、ヤンゴン市内では見かける

連合国軍記念墓地

ことのなかったオートバイ・タクシーも走っている。

ヤンゴン市内では、かつて軍政時代に軍高官の後をつけた不審なオートバイが現れたり、軍の高官の息子たちが暴走族となって町中を走りまわる事態が続いたため、一般人は市内中心部でオートバイに乗るのを禁止されてしまった。今もその禁止令は解かれていない。軍政下のヤンゴン市内での取材では、オートバイ、特にオレンジ色のオートバイは警察関係者が乗る色なので、注意を要していた。ただし、ビルマでは現在、毎月のように新しい法律が制定されているので、早晩、市内の中心部でもオートバイの姿を見ることができるかもしれない。実際、下町の中華街では一般人向けにオートバイが販売されている。

広々とした連合国軍記念墓地は、いつ訪れても丁寧に整備されている。喧噪なヤンゴン市内とは比

ムガール帝国最後の王の墓

べものにならないくらい静まりかえっている。ここには、ビルマ戦線やインド・アッサム地域で命を落とした六三四七柱の連合国兵士が眠っており、同時にビルマ戦線などで命を落とした二万七〇〇〇人の名前が刻まれた祈念碑が建っている。米国や日本では戦死した兵士の亡骸を自国に持って帰って埋葬したいという気持ちの人が多いが、英連邦諸国では戦死したその土地に埋葬するという傾向が強かった。

お墓といえば、ヤンゴンには珍しいお墓がある。インドが発祥で、イスラーム教「ムガール帝国」の最後の王が流刑の後、亡くなったのがヤンゴンである。「第一七代皇帝バハードゥル・シャー二世がビルマに流されて、一八五八年、帝国は滅亡した」と歴史には記されている。皇帝には似つかわしくない小さなお墓は、シュエダゴン・パゴダの南に建つモスクの中にある。インド首相がビルマを訪問した際、その墓を訪れている。

タウチャンからヤンゴン市内へ戻るには、「スーレー・パゴ

白　象

ダ行き」の路線バスが頻繁に出ている。どのバスに乗っても、一時間〜一時間半ほどで市内の中心部に戻ることができる。

復路に時間に余裕があれば、ミンガラドン地区でいったんバスを降り、タクシーをつかまえ、翡翠の大仏で有名なチャウトージー・パゴダ（Kyauk Daw Kyi Pagoda）にまで足を運ぶのもよい。チャウドージー・パゴダの通りを隔てた場所に「白象」が数頭飼われている（Royal White Elephant Garden）。ビルマで白象といえば、吉兆のシンボルでもある。土日になると、白象を見ようと地元のビルマ人で賑わう。だが、象そのものはそれほど白くなく、茶色っぽいピンク色である。実は白象は色にこだわるのではなく、その骨格や尾の形など、白象を決定する諸規定に合致するかどうかが重要なのだ。

五一番のバスはヤンゴン市内の「西を縦断」するルートをとるが、スーレー・パゴダのすぐ北側、ヤンゴン市庁舎

タンシュエ議長によって建立されたといわれている仏像(ヤンゴン市北オカラバ地区)

(YCDC＝Yangon City Development Committee)の横からは四三番のバスが市内の「東を縦断」するルートをとる。四三番のバスは、バゴーやマンダレーへ向かう北オカラバ地区(ミャウ・オカラパ地区)の高速バスターミナル(アウンミンガラ・バスターミナル)方面に向かう。その途中、右手には、ビルマでは珍しく、戸外に建つ金色の大仏様も見られる。この大仏様、前の独裁者タンシュエ議長が建立したとされている。ちなみに、タンシュエの前の独裁者ネウィン将軍は、シュエダゴン・パゴダの南側にパゴダを建立した(二一七ページ参照)。

アウンミンガラ・バスターミナルを少し北上すると、イエウェイ墓地(Yay Way Cemetery)と呼ばれる火葬場の近くの日本人墓地に着く。アジア太平洋戦争当時、ビルマに侵攻した旧日本軍兵士たちの「英霊」が眠っているお墓である。また、日本人墓

イエウェイ墓地のビルマ人区画の入り口にある元首相ウー・ヌ夫妻のお墓

地の近くには、イスラーム教徒たちの墓地やビルマ人の墓地もある。
上座仏教を信仰するビルマ人の多くは通常、お墓を持たない。家人が亡くなるとお葬式をあげて火葬にすれば、遺灰は水に流してそれで終わり。骨を拾って骨壺に入れたり、お墓参りをする習慣は基本的にない。家に仏壇などもない。ただ、名の知れた高名な人や資産家に限って墓地に埋葬される。そのビルマ人の墓地には、英国から独立後、最初の首相に就いたウー・ヌのお墓もあるのだが（当初は別の場所にあったが、後に移転）、その歴史上の人物であるウー・ヌの墓石でさえ埃がかぶったままで手入れされていない。ここに上座仏教の神髄が見られる、といえば言い過ぎであろうか。

ヤンゴンの市場

二〇一〇年以降のヤンゴンは、富裕層のビルマ人だけではなく、一般の人も気軽に立ち寄れるショッピングセンターが乱立気味である。それこそ日本や隣国タイのバンコクともほとんど変わらないショッピングセンターである。また、日本でもおなじみのファーストフード店も見かけるようになってきた。

もっとも、ビルマらしさを求める観光客の多くは、真新しいショッピングセンターよりも、かつてのビルマの雰囲気を幾分か残しているボージョー・アウンサン市場（Bogyoke Aung San Market）に足を運ぶことが多い。下町の中心に位置するボージョー・アウンサン市場では、地方からヤンゴンに出てきたビルマ人も買い物をしたりしている、お土産物を買うには便利な場所である。ただ、どうしても観光客向けのお店が並んでいるという印象がぬぐいきれない。

筒状の布を腰巻き状態にしただけのロンジー（longyi）は、ビルマの民族衣装といわれている。まあ、地元の人にとっては普段着でもある。細かくなるが、男性のそれは「パソウ」、女性は「タメイン」ともいう。二〇〇〇年以降は、特に若者を中心にジーンズが流行りだし、女性はスカートも身につけるようになってきたが、それでも水浴びの後など、多くの人がこのロンジーを身につけている。

カチン・ロンジーを身につける民主化支援者（右）とカレン人の未婚女性が身につける白い貫頭衣

正装用のロンジーとしては、「上ビルマ」のザガインやマンダレーのラメ入りの布が利用されている印象を受ける。軍政時代に、民主化運動のシンボルとして人権活動家や国民民主連盟（ＮＬＤ）の党員が身につけていたのは、ベージュ色の上着に緑と黒の格子模様の「カチン・ロンジー」であった。カチン人の女性が纏《まと》う真っ赤なロンジーは、あでやかでもある。カレン人のロンジーは、赤を基調にした布に横縞の模様が入っている。カレンの若い女性で真っ白な貫頭の服装をしているのは、未婚の女性の意味である。シャン州では、シャン人やパオー人などはロンジーではなく、昔ながらの幅の広いズボンをはいているのをよく見かける。

地方に出ると、いまだに手作業で糸を紡ぎ、

ダウェの特殊なロンジーを織る女性たち

手織りの機織り機で布からロンジーをつくっている。その中でも珍しいロンジーは、タニンダイー地域ダウェ（Dawei）のロンジーだろう。裏表のどちらでも使えるリバーシブルである。織り方に特徴があるようで、男性用と女性用を織るのに特別な仕掛けがある。当月が男性用なら次月は女性用と、月毎に織り方を変えている。手織りなので一カ月最大四〇人分しか織り上げることができない。特別なロンジーゆえに、出入りの業者がすべて買い取り、市場にはほとんど出回らない。

チン州で手に入れた格子模様のロンジーは、一見すると単に染めただけの模様に見える。よく見ると、実は格子の中の一つひとつに、細かな模様が浮き上がるように織られている（本書カバー文様参照）。チン州産といえば、ロンジーというより、布そのものが有名である。手縫いの刺繍の糸が裏側から見えな

チン人の伝統衣服を身につける老夫婦

いように模様が施されている布がある。チン州の布は古ければ古いほど価値があるようで、ビルマ人の仲買人は、チンの村をまわっては、地元の村人から布を買い付けている。

一般の旅行者はなかなかチン州まで足を伸ばすことはできないが、ボージョー・アウンサン市場には、値段は張るが、珍しいチン民族の小物や布を売っている店がある。場所は一階の南西の角、二階なら、「YOMA MAY」(www.yoyamay.com/)という屋号の店だ。もちろん経営者はチン人である。素人にはその布が本物かどうかわからないが、これらの店では商品には信頼がおける。

軍政時代に、一般庶民の訪れるおしゃれなショッピングセンターといえば、ヤンゴンの西に位置するミンガラ・ゼイ(ゼイ=市

ヤンゴンの魚市場

場、Mingalar Market）、サンチャウン地区のダゴン・センター（Dagon Center）、タームエ地区のユザナ・プラザ（Yuzana Plaza）などであった。だが、二〇一〇年前後から、ジャンクション・スクウエア（Junction Square）、キャタピラー（Caterpillar）、オーシャン（Ocean）などの大きなショッピングセンターが目につくようになってきた。今や、小金持ちの地元の人で賑わっている。

そこで、いわゆる観光ツアーではなく、人びとの暮らしを見てみたいのなら、食の市場に行くのが手っ取り早い。魚・鶏・野菜のそれぞれの市場である。

人口六〇〇万人ともいわれる大都市ヤンゴンの人びとの胃袋を満たす市場は、野菜市場（ティリミンガラ・ゼイ）・魚市場（ンガー・ゼイ）・鶏市場（チェッ・ゼイ）と分かれている。

ヤンゴンの鶏市場

野菜市場・魚市場はヤンゴンの中心街から西方、バインナウン (Bayint Naung) 通りに沿ってタクシーで二〇分ほどで行くことができる。この二つの市場の間は、歩けなくはないが少々距離があるので、サイカーなどを使ってもよいだろう。鶏市場はヤンゴンの東、ベズンダウン (Pazundaung) 地区からミンガラ・タウン・ニュ (Mingalar Taung Nyunt) 地区に入る大きな三叉路の右にある。この鶏市場は、ちょっとわかりにくい場所である。

朝早くこれらの市場に行くと、売る人と買う人が大勢入り交じって、まさにビルマの人びとの息吹を感じられる。ただ、鶏市場は、生き物を殺すところだけあって、写真撮影は止められることが多い。牛や豚の屠殺場は、ヤンゴン市内から少々離れたところにあって、外国人観光客が訪れるのはちょっと難しい。

カレン人地区「インセイン」

ビルマが英国から独立した一九四八年直後から、ビルマ国内では激しい内戦が勃発することになる。主に共産党と少数派民族がそれぞれ、政治的な権力を握ろうとして当時のウー・ヌ政権と銃火を交えたのだ。特に少数派民族のカレンの人たちは、ビルマ民族中心のビルマ国家ができてしまうと、カレン民族の存亡にかかわるとの危機感を強く抱いた。もともと、カレン人たちの民族意識は強く、英領インドでインド人が対英国の植民地闘争を始めるよりも前に、彼らは民族主義を表に出した闘争を始めていた。また、カレン人たちは、英国植民地時代に政府の官僚や軍部に数多く登用されていたため、ビルマ民族主導の政府になるとそれまでの反動が起きるのではないかと危惧したのだ。そのため、独立後のビルマ人主体の政府に強く反対し、武装抵抗運動に動き出した。実際、イラワジ地域では一九四二年三月頃からビルマ人とカレン人が衝突し、主にカレン人に多数の死者を出した「ミャウンミャ事件」が起こっている。

独立直後のウー・ヌ政権は、これらの反政府勢力に押され、ビルマ政府とは名ばかりで「ラングーン（現ヤンゴン）政府」と皮肉られるほどであった。

また、「カレン」という名前から、カレン人はタイ国境に隣接するカレン州に多く住んでいると思われがちであるが、実はカレン人たちはデルタ地帯（行政区ではイラワジ地域）やヤンゴン市北部のインセイン（Insein）地区にも大勢暮らしている。米国で医学を修めた知人のカレン人は、「ヤンゴンではカレン人はビルマ人の下で暮らしているが、ここインセイン地区ではカレン人の方が立場は強いんだ。家の使用人だってビルマ人たちだ」と得意げに話してくれたこともある。

英領時代にはカレン人口の三分の一がイラワジ地域に暮らしていたともされる。そんなインセイン地区で毎年、「カレン新年祭」が数日間、盛大に行われる。月齢で決定されるカレン新年は毎年一二月末か翌一月初めに、インセイン地区のアーレインガーシン・パゴダ（Arleing Ngar Sint Pagoda）を中心に夜通しの祭りが開かれる。またその日はビルマの祝日になる。

立ち並んだ夜店の電灯で華やかになったお祭りが最高潮に達するのは、カレンの村を代表して披露される伝統のド（ー）ン・ダンスの競技会である。伝統的なビルマ民族の踊りはゆっくりとした調べだが、カレン民族のド（ー）ン・ダンスは、数十人の男女が太鼓に合わせて前後左右、激しく踊り回る。数十組の村の代表チームが、自らの村を代表するカレン踊りを競う。夜が明ける頃、その年の最優秀の踊り手たちが選ばれる。その踊りを見るだけでも、カレンとビルマの文化の違いを肌で感じることができる。

しかし、民族主義的な傾向が強いカレン人の知人は次のように語る。「ビルマ人の中で暮らしていくと、文化の一つであるカレン語も廃れがちで、カレン語を理解するカレン人も徐々に減っていき、実は、この祭りの進行のアナウンスもビルマ語でないとままならないんだ。それがここインセインの実情なんだ」。

カレン人のドーン・ダンス

外国人にしろビルマ人にしろ、地理的に分布する彼らをまとめてカレン人と呼んでいるが、カレン人にも四～五つほどの異なるサブ・カレン（民族）が存在している。その中でも特に、スゴー・カレンとポー・カレンの二大カレン人（民族）がいる。さらに、スゴー・カレンが多数派でポー・カレンが少数派である。言語的にも、スゴー・カレン語とポー・カレン語は言葉の成り立ちが異なり、少数派のポー・カレン人はスゴー・カレン語を理解できるが、スゴー・カレン人はポー・カレン語を理解することは難しい。そのため、この両者はビルマ語を共通語としている。そして、このド（ー）ン・ダンスはもともと、ポー・カレン人の伝統舞踊であって、その後スゴー・カレン社会に取り込まれていった。

軍事政権に対するカレン人の武装抵抗は、徹底していた。一九四九年一月末の武装闘争開始から、二〇一二年一月の停戦合意までの六三年近く、世界最長の内戦としても記録されている。そのため、この武装闘争は外国メディアの取材対象にもなった。軍政下のビルマで外国人記者は、ビルマ国内からカレンの闘争に関する取材ができないため、タイ国境から越境してカレン州に入り取材を敢行していた。その際、主に欧米の外国人記者たちは、武装闘争を続けていたゲリラの指導部の多くがキリスト教徒だったため、カレン人の多くはキリスト教徒である、との誤った報告をしていた。実際は、カレン人の八割近くが仏教徒である。

軍政当時、ビルマ関連のニュースといえば「アウンサンスーチー報道」ともいわれ、少数派民族の実情を伝える報道は少なかった。その中で、例外的にカレン人の報道がされる際、彼らの武装抵抗の面ばかりが報道され、大多数のカレン人がデルタ地域やインセイン地区に住んでいることにも触れる記事は、ほとんどなかった。

ところで、その「インセイン」と聞いて現地の人びとが頭に浮かべるのは、まず「インセイン刑務所」のことである。人によっては「あの悪名高きインセイン」と呼ぶ人もいる。軍政時代、数え切れないほどの「政治囚」が収容され、拷問が行われていた場所なのである。ビルマ軍政は、国際社会からの批判をかわすために民主化活動家を別件で逮捕し、「犯罪者」として扱っていた。だが、彼らは犯罪者ではなく、あくまでも「良心の囚人」であった。

ヤンゴンのインセイン刑務所

そのインセイン刑務所は、収容数二五〇〇人の刑務所であるが、一万人を超えて収容者がいたこともある。インセイン刑務所に通じる門は、インセイン地区の中央市場の外れにあり、そこが刑務所への入り口だと教えてもらわなければ、見逃してしまうほど小さい。

ヤンゴンの空港から飛行機で飛び立つ際、右側の座席からヤンゴン市内を見下ろすと円形の建物群が見えてくる。まさしくそれがインセイン刑務所である。英国の哲学者ベンサムによって考えられた監獄の形であり、フランスの哲学者フーコーが著した『監獄の誕生』を思い起こさせる刑務所の形である。

このインセイン刑務所を上空から見ると、まさに「パノプティコン（全展望監視システム）」と呼ばれる円形の収容施設の全景を見ることが

インセイン刑務所の入り口。写真撮影を止めるために看守が出てきた。

できる。それは、監視国家でもあった軍事政権国家ビルマの有り様を示している。

似たような刑務所は、ラカイン州の州都シットウェーの上空から、あるいはモン州の州都モーラミャイン（モールメイン）の丘の上に建つチャイタンラン・パゴダ（Kyaikthanlan Pagoda）の境内からも眺めることができる。

インセイン地区へは、スーレー・パゴダ横のヤンゴン市庁舎（ＹＣＤＣ）から四五番のバスに乗って、約一時間半で行くことができる。また、三時間半ほどかけてヤンゴン市を一周する、外国人観光客に人気の環状線の鉄道に乗ってもよい。運賃が一ドルと安いこの環状線は、時速三〇キロほどでゆっくりと走り、停車駅で乗り降りする人や街並みに目をやると、地元の人の普通の暮らしを垣間見ることができる。ヤンゴン中央駅から一時間半ほどでインセイン駅に着く。

2　イラワジ（エーヤワディ）地域

現地の人も行かない極上ビーチに行く

ビルマのビーチといえば、真っ青な沖縄の海を彷彿とさせるベンガル湾を臨むラカイン州のガパリ・ビーチ（Ngapali Beach）が有名である。ビルマで数少ないリゾート地でもあるので、ホテルの宿泊料金も格段に高い。だが、私のおすすめは、外国人はもとより現地のビルマ人の姿をほとんど見かけないビーチである。もちろんヤンゴン市内から訪問可能である。そこは、イラワジ地域（Irrawaddy Region〈エーヤワディー地域《Ayeyawad（d）y Region》〉）の最南端に位置するセマ（Seikma）海岸である。

セマ海岸への行き方は、ヤンゴンのパンソーダン・ジェッティ（Pansodan Jetty、英語の波止場の意「ジェッティ」から転化）から、対岸のダラ（Dala）の町を結ぶ大型の二層船に乗ることから始まる。

大都市ヤンゴンは、対岸のイラワジ地域ダラの町に比べて格段に物価が高い。それゆえ、多く

ヤンゴンと対岸のダラを結ぶ二層船

の人は物価の安い対岸ダラの町に暮らし、船通いしている。ジェッティに二層船が着くと、ビルマの人はわれ先に乗船口に殺到する。が、ここで慌てることはない。大きな船なので数百人を一度に運ぶことができる。外国人料金は、往復二ドル（今後、現地通貨チャット払いの計画あり）。船は五〜一〇分間隔で運行している。乗船すると、二階に行ってみよう。晴れていれば、ゆっくりと進む船の流れに沿って、ヤンゴン港から遠くヤンゴンの町並みが見える。

一〇分ほどでダラに到着する。ヤンゴンとは異なるこの町を見るだけでも、観光地ではないビルマの雰囲気を感じられる。町の中心に近い市場までなら、オートバイ・タクシーで約一〇分（五〇〇〇〜七〇〇〇K〈日本円で約五〇〇〜七〇〇円〉）、サイカーでのんびりと行くなら約二〇分ほど。

ダラからそのままセマ海岸を目指すなら、ジープ

イラワジ地域ピャーポン市の船着き場

を改造した乗り合いバスや小型バスで、南西に位置するイラワジ地域で第二の町ピャーポン（Pyapon）に向かうことになる。懐に余裕のある人は、四人集まったら出発する乗り合いタクシー（一人一〇～二〇ドル）を利用すればよい。ピャーポンに行くなら、この乗り合いタクシーが早くて便利である。乗り合いタクシーは約半時間で、ピャーポンに着く（イラワジ地域の最大の町はパテェイン〈Pathein〉）。

ピャーポンからセマ海岸を目差すのだが、もし災害の復興に興味のある人ならば、ピャーポンのバス乗り場まで足を運び、そこでオートバイ・タクシーを手配して、ボーガレー（Bogale）の町を訪れてみるとよい。

二〇〇八年五月二日、下デルタ一帯を「サイクロン・ナルギス」が襲った。このサイクロンの死者・行方不明者は一四万人、被災者は二四〇万人に達した。

ビルマではちょうどこのとき、軍政のもと、一九九三年から断続的に続けられてきた「新憲法」の信任投票が迫っていた。

サイクロン・ナルギスの襲来で、憲法信任の投票よりも人命救助を優先すべきではないのか、という声が国内外から上がった。だが、その声は軍政に無視された。震災後、東南アジアのアセアン諸国（ＡＳＥＡＮ＝東南アジア諸国連合）を中心に復興支援もあったが、今でも災害からの復興は進んでいるとはいえない。サイクロン・ナルギスのその後、デルタ地帯の村々はどうなっているのか。被災の激しいところに観光客が物見遊山で行くことはお勧めできないが、ボーガレーになら行ってみるのも悪くない。

イラワジ河河口の町ピャーポン

ピャーポンの市場は、町の中心部に位置する。そこは、遠くカチン州に源流を持つ総延長二六〇〇キロメートルのイラワジ河の河口近くにある。ピャーポンの町をまわって気づくのは、家の周りに大人一人がすっぽり収まるくらいの大きさの水瓶がずらりと並べられていることだ。雨水をためて利用しているのだ。川のそばなのに、海が近いせいか井戸水は塩っぽく、生活用水が不足しているという。

また、川の傍に立つと、木製の小舟に可動式の「祠」が据えられているのを見かけるかもしれない。ビルマは国民のおよそ八五％が敬虔な仏教徒である。日本の「大乗仏教」とは異なる「上座仏教」である（「小乗仏教」という言葉は、侮蔑的だとして今は使われない）。ビルマでは上座仏教と併行して、樹木や土地、家の守護神などに関わる土着の精霊信仰が根強く信じられている。小舟に据えられた「祠」はその精霊（「ナッ神〈Natt〉」）を祀ったものである。ビルマの精霊信仰は「三七のナッ神」と呼ばれており、例えば「ナガー（Naga）」は水を司ると信じられている伝説の龍である。

イラワジ地域ピャーポン市内の水瓶

筏の上に設置された「ナッ神」の祠

そんなナッ神の祠は、経済発展が華々しいヤンゴン市内でも、大通りの樹木に注意深く目を向けると見つけられる。祠の中をのぞくと、精霊信仰それぞれの小さな守り神の人形が祀られている。

ピャーポンの市場は、川沿いでしかも海が近い町ということもあって、魚やエビが安い。ビルマでは一般的に、海よりも川や湖で捕れた魚やエビを好んで食べる。

人の姿がほとんど見られないセマ海岸

雨季(5 月末～ 10 月半ば)にセマ海岸に向かう。道路はぬかるんで通れなくなる。

セマ海岸に浮かぶウッシンジーの祠

ピャーポンには、外国人が宿泊できるゲストハウスやホテルも数軒ある。

ピャーポンのバスターミナルからセマ海岸までは、オートバイ・タクシーで一時間弱。道中、川の支流で鴨を世話する人や畑で農作業を続ける地元の人を垣間見ることができる。セマ自体はのどかな漁村で、見渡す限りの砂浜が広がる海辺に過ぎない。その砂浜には人影は全くなく、数え切れないほど多数のカニが走りまわっている。また海岸縁では、漁師たちが網や船の修理をしたりする光景を目にするだけである。

よく見ると、波打ち際に「ウッシンジー（U Shin Gyi）」と呼ばれる海の守り神（祠）が浮かべられている。波が砂を巻き上げるビーチなので、海水浴には向かないが、のんびりするにはうってつけの場所である。

3　バゴー地域

反英植民地闘争先駆けの地ターヤワディ

ヤンゴン市内から地方に向かう長距離高速バスのターミナルは二つある。市内の西方フラインン川を越えたフラインタヤー地区にある「ダゴンエア（Dagon Aye Yar）・バスターミナル」と市内北方・北オカラバ地区（ミャウ・オカラパ）にある「アウンミンガラ（Aung Minglar）・バスターミナル」である。前者はイラワジ地域最大の町パティエン（Pathein）方面へ向かう。後者はビルマ北西のパガン（Bagan/Pagan）やピィ（Pyay）、北方のタウングー（Toungoo）、ネピドー（Nay Pyi Taw）、マンダレー、東部のカレン州や南部のモン州方面に向かうバスターミナルである。二〇一二年以降、外国人観光客が急増するに従って、デラックスな長距離バスが増えてきた。中にはトイレ付き、横一列三座席の豪華なバスも登場し始めた。二〇一五年一月現在、ヤンゴン～マンダレー間の運賃は一万K（チャット、当時のレートで約千円）を超えている。

ヤンゴンのアウンミンガラ・バスターミナルから北西に約一時間半ほど行くと、バゴー地域(Bago Region)に入り、ほどなくターヤワディー(Thyawaddy)の町に着く。そこは、ビルマの歴史上最大の英国に対する農民反乱が最初に起こった場所である。ちなみにビルマの行政区分は、日本語でいうと、州・地域(管区)の下に、県↓郡↓町↓村という単位で細かくなっていく。

米国で一九二九年に発生した大恐慌は、ビルマの小さな地方都市にも影響を及ぼした。米国の大恐慌が起こると、植民地をもっていた西欧諸国は「ブロック経済」で対応し、世界各地で連鎖的に不況の嵐が吹き荒れた。米国のすぐ南に位置する中米エルサルバドルでは一九三二年、世界的なコーヒー価格の下落によって、農園で働く農民が苦境に陥った。食えなくなった農民が地主に抗議の声を上げたが、政府軍の徹底的な鎮圧により二〜四万人が虐殺される(歴史上、「ラ・マタンサ〈大虐殺〉」として記録されている)。エルサルバドルはこれ以降、一九九二年まで軍事政権が敷かれることになった。

日本では同じ頃、経済的な苦境を脱するために、関東軍が「満州事変」を起こして中国東北部を占領、傀儡国家「満州国」をつくった。ちなみに農民を虐殺した当時のエルサルバドル政府は中米諸国で孤立する。「満州事変」を起こした日本も国際連盟を脱退して孤立した。その「満州国」を国際連盟加盟国で最も早く承認したのがエルサルバドルだったという皮肉な歴史も忘れてはならない。

ビルマはというと、一九世紀の前半からの英国の植民地政策によって、インドの一州として組み入れられた。そして、人口の多いインドの「胃袋を満たすため」の食糧供給地として、ヤンゴン地域やイラワジ地域の田園開発が進められた。さらに英国は、ヤンゴンに権力を集中させる中央集権化と併行して、デルタ地帯で徴税政策を強める方法を取り入れながら農民を支配した。

ビルマは豊かな自然に恵まれ、飢えることはない。だが、植民地政策によって貨幣経済が農村にまで広がった後、デルタの農民はその世界的な「大恐慌」に見舞われることになる。当時の金貸しや地主の大多数は、中国人やヒンズー教ないしはイスラーム教を信仰するインド人であった。米の価格が大暴落し、ビルマ人農民は土地を売ることによって何とか糊口をしのいでいた。

一九三〇年一〇月二八日、ターヤワディー出身の元僧侶のサヤー・サン（Saya San）は、ビルマ人農民の苦境を救うべく、自らを「ガロン王」と宣言し、大規模な反英闘争を開始した。ガロンとはナガー（龍）を倒した伝説のガルーダ（半鳥人）で、ガロンの刺青を入れた農民は不死身になると信じられ、彼らは銃器を持つ英国兵に刀や槍で向かっていった。だが、植民地軍の圧倒的な近代的武力の前に、その後下ビルマ一帯に広がった農民の大叛乱は数千名の犠牲者を出し、鎮圧された。

ビルマ人が立ち上がるとき

ビルマ各地には、ビルマ独立の英雄「アウンサン将軍」の像が建っているが、ターヤワディーの公園にはサヤー・サンの像が建っている。ビルマで起こる為政者への抗議運動は、敬虔な仏教徒の農民の場合、その目的は自由や民主主義を求めて立ち上がるのではない。

「農民としての生活を受け容れていることは、向上心を削いでいた。平和な農村の暮らしは、それが実り豊かな土地でさえあれば、愉しくて満足できるものだった。不幸なことに、それを続けることは許されなかったのだ。軍事独裁者の横暴によって、農民はその豊かな土地から引き剥がされた」と形容するビルマのシャンを専門とする文化人類学者もいる。

バゴー地域ターヤワディーの公園に建つサヤー・サンの像

ビルマでは農村の人口が約七割を占める。そのためこの国で見られる統治者に対する人びとの振る舞いは、一九八八年に吹き荒れた民主化デモにも当てはまる。

一九六二年に軍事クーデターを起こしたネウィン将軍は、ビルマ式社会主義政党（ＢＳＰＰ）を率いて特殊な社会主義体制を推し進めることにより、国の経済をどん底に突き落とした。そのため、人びとは日々の

町中では刺青を入れている男性をよく見かける。背中には龍、腕にはアウンサン将軍の刺青を入れた露天商の男性

生活の糧にも事欠くようになっていった。抗議デモの当初は「反ネウィン闘争」が吹き荒れ、その後、民主主義や自由を求める闘争へと繋がっていったのである。最初から、民主化運動ではなかった。ビルマでは、為政者が酷いというだけでは拳や手を上げない。とことん追い詰められて食えなくなり、ひどいを通り過ぎてあまりにもひどすぎるという状況になって初めて抗議運動が起こるのだ。

二〇〇三年にターヤワディーを訪れた私は、もしかしたらガロンの刺青を入れた農民が生き残っているかも知れないと村々を訪ね歩いた。だが、「確か数年前まで生存していたのに……」という村人の言葉だけが返ってくるだけで、残念ながらガロンの

男性ばかりではなく、個人の好みとして女性も刺青を入れている。

刺青を入れた人物を見つけ出すことはできなかった。

ガロンの刺青を探す最中、あちこちの村で実際、身体の一部に刺青を入れた大勢の村人に出会った。彼らの多くはデルタ地帯に暮らすカレン人たちであった。男性の老人の多くは昔から、己の勇気を示す証拠として刺青を入れていた。一九四〇年代から今に至るまで、習慣として、あるいは流行りとして刺青を入れている。パゴダ祭りなどでは必ず、小型の機械で刺青を入れる屋台を見かける。もしかして、女性も刺青を入れているのかなと思って、探してみると、自分の太ももに刺青を入れていた六〇代の女性を見つけることができた。「自分の好きな人だけに見せるための刺青だったのよ。それが当時の印だったの」と、恥ずかしがるでもなく、あっけらかんと説明してくれた。

ビルマ最大の仏塔シュエモードー・パゴダ（バゴー地域バゴー）

ちなみに、ビルマ最大のパゴダといえば、誰もがヤンゴンのシュエダゴン・パゴダ（約一〇五メートル）だと思っているが、実はそうではない。現在、ビルマにある最大のパゴダは、幾度かの建て直しを経た、バゴーに建つモン族のシュエモードー・パゴダ（約一一〇メートル）である。

4　マンダレー地域

マンダレーの水かけ祭り

ビルマ第二の都市マンダレー市はかつて、ビルマ最後の王朝が置かれた都市である。英国の植民地になる前は、政治・経済・歴史と文化の中心はマンダレー地域（Mandalay Region）にあり、英国に支配されてからは、政治と経済の中心はヤンゴンに移った。二〇〇五年末、首都がネピドーに移された後、経済はヤンゴン、政治はネピドー、歴史と文化はマンダレー周辺地域という位置づけになる。

もっとも、マンダレーでビルマ王朝が栄えたのは昔の話である。今のマンダレーは〝北の巨人〟中国の影響がじわじわと浸透し、町の中心街の建物や商店の多くにビルマ語の丸文字と漢字表記が併記されている看板を見かける。

もし四月の半ば頃ビルマを訪れるなら、ぜひ、マンダレーを訪れてほしい。ビルマの一年を季

マンダレーの中心に位置する王宮（お堀）からマンダレー丘陵を見上げる。

節で大まかに分けると、雨季・乾季・暑季の三つに分けられる。雨季は大体五月末から一〇月半ばまで、乾季は一〇月半ばから五月末までを表す。暑季は、乾季の間の、特に暑い三月から四月の二カ月を指す。

その暑季の四月半ば、気温が四〇度を超える最も暑いころ、ビルマでは上座仏教の暦に従ってお正月を迎える。そのお正月を「水かけ祭り」（ダジャン／ティンジャン、Dagyan/Thingyan）ともいう。水かけ祭りの初日は、天上の神「ダジャーミン（帝釈天）」が地上に降りてくる日で、その後三〜四日間、人びとは誰彼なしに水をかけ合い、町中は喧噪の日々となる。顔見知りもそうでない人も、水をかけ合うことで一年の汚れを落とし、新たな気分で一年を迎え

マンダレーでのダジャン（水かけ祭り）

るのだ。

現地の友人のビルマ人は「ヤンゴンでダジャンを経験したって？　それだけじゃあ話にならないよ。やっぱり古都マンダレーでの水かけを経験しなきゃあな」という。

最大都市ヤンゴンのダジャンを心ゆくまで楽しもうと思えば、水かけ祭りの舞台をまわるために乗用車が必要となる。だがマンダレーでは、水かけ祭りの舞台が王宮の周辺に集中し、さらに王宮は外国人が宿泊するホテル地区に近いため、水かけ祭りを見物したり、実際に水をかけ合ったりするのに便利なのである。

もっとも、水をかけ合って騒ぐだけがダジャンではない。「ダジャンの期間、瞑想のため僧院に入って、その一年を振り返り、心静かに新年を迎えるんだよ」と説明してくれるビルマ人も多い。

水かけ祭りの最中に催される「タンジェ」

また、誰もが、一九八八年の民主化デモ以前のダジャンが懐かしいという。その頃のダジャンでは、水かけ祭りの舞台で披露された「タンジェ・ピャイン・ポエ」という、掛け合い漫才と喜劇を組み合わせた競演が披露されていたからだ。その「タンジェ」は、日常生活のことを面白おかしく風刺して演じるため、どうしても軍政を揶揄するネタが多かった。

例えば――

「サービスが悪いところは、それはすなわち病院！ビルマでは薬を置いていないところを病院という！」

一九九〇年ころまでは、交通機関にしろ病院にしろ、ほとんどが国営だった。そこで、あからさまに強い言葉では言及できないが、生活の不便を取り上げればそれが政府批判に通じていた。それが軍政下でのギリギリの抵抗運動でもあった。一九八八年の民主化デモ以降、「タンジェ」は当局が禁止してしまった。ところが「民政移管」後の二〇一二年、ミンコーナインなど「88世代平和オープンソサエティ（一九八八年の民主化デモを主導した元学生グループ）」の政治囚が刑務所から解放されると、ヤンゴン市内では、水かけ祭りの際に彼らが中心になってタンジェを復活し始めた。これから徐々に全国レベルでこの「タンジェ」が復活されるであろう。

水かけ祭りの四日間は、普段の取り締まりが緩められる。特に二〇一一年までの軍政時代は、このときとばかりに羽目を外す人も多かった。飲酒運転や道路を逆走行するのは当たり前。若者は、ロンジーからジーンズにはきかえ、染めた髪を逆立て、にわかの「パンク姿」となり狂態をさらしていた。男女とも無礼講で、心を寄せる異性に思い切り水をかける。最近では、水をかけられて濡れると、下着が透けて見える服装の女性も見られるようになってきた。外国人は、現地の人にとって目立ちやすく、水かけの恰好の標的となり、着替えが必要なほどずぶ濡れにされる。カメラや携帯電話はビニール袋に入れておかないと、必ずや困ったことになる。はしゃぎまわっている多くは若者だが、ときに家族連れの姿も多い。オートバイに五人

無礼講となる「水かけ祭り」の最中、若者たちは羽目を外す。

気に入った異性に水をかける「ラカイン式」の水かけ祭り

乗りしている一家もいる。運転手はお父さん。お父さんは子どもを抱えて運転。その後ろにはお母さん。その前後に子どもが二人。消防用のホースから強烈な水をかけられ体勢を崩しながらも、みんな笑顔で声を上げている。楽しそうだ。

マンダレー市中はヤンゴンと異なり、一般人もオートバイに乗ることができる。そのため王宮周辺は、車・オートバイ・自転車・人が入り乱れて身動きできなくなる。王宮周辺は人が増える一方となる。動けなくなった車の運転手は、車の鍵を抜いてその場からいなくなる。そのため、ますます渋滞に拍車がかかるのだ。

でもね、と知り合いのビルマ人は言う。

「水かけの舞台（マダン）に上がって、水をかけるホースを手にするのにいくらかかると思う？二万チャット（日本円で約二〇〇〇円）から六万

「水かけ祭り」が終わった翌日がお正月。街頭で僧侶の教えに耳を傾ける。

チャットだよ、いやそれ以上かな。月給が二万チャットくらいの庶民にそんなことができると思う？　舞台には金持ちしか上がれないよ。経済的に余裕のない若者は、水をかけられながら舞台の下で踊るか、あるいは、遠目に他人の新年の喜びである水かけを見ているだけだよ。他人の幸福を眺めているだけさ」

ヤンゴンのカンドージー湖の近くの広場では毎年、男性と女性が向き合って、双方が堂々とお好みの異性に水をかけ合うラカイン人特有の水かけ広場も設置される。

数日続く水のかけ合いは毎日、夕方六時になると、水道の元栓が閉められ、その日のお祭り騒ぎは終わる。そして、ダジャンの最終日になると帝釈天が天上に戻る。実は、その翌日こそがビルマの新年、正真正銘のお正月「ニッサン・ティ・イェ・ニッ」の始まりである。

そのお正月を迎えたマンダレー市内を散策してみる。前日まで激しく水をかけ合ったお祭り騒ぎが嘘のように、町中は静まりかえっている。王宮周辺のお堀の人もまばらである。街角ではあちこちで、僧侶を迎えて新年の集いが行われているのを目にする。

軍政批判を続けたコメディアン

軍政時代のビルマでは、外国の大使館や国連の機関があるヤンゴンでさえ反政府活動をするのに勇気を必要としていた。それが地方での民主化運動となると、レベルの異なる勇気と信念が必要となる。そんなビルマ人の「勇気」に興味を持つ人にお勧めの場所が、ここマンダレーにある。

マンダレー市の南に位置する三九丁目、八〇番街と八一番街の間。そこに、ビルマの伝統演劇(舞踊や喜劇、掛け合い漫才)を見せる自宅兼演舞場がある。ウー・パパレイとルーモー兄弟、それに従兄弟のルーゾーを加えた三人が演じる通称「マスターシェ・ブラザーズ(ヒゲ兄弟)」の一座があるのだ。彼らは毎日、ビルマの日常生活の風刺や政府を揶揄する劇を演じてきた。ビルマの民主化運動について少し知識のある者は、この「マスターシェ・ブラザーズ」という名前を聞くと、スーチー氏とのつながりを思い浮かべるはずだ。その自宅兼演舞場には、マスターシェ・ブラザーズとスーチー氏が一緒に写った写真が何枚も飾られている。

マスターシェ・ブラザーズ（ヒゲ兄弟）たち

彼らの名前を世に知らしめたのは一九九六年のこと。ヤンゴンのスーチー氏宅にＮＬＤの関係者が集まった。そのとき、ウー・パパレイとルーゾーは、政府を揶揄する劇「タンジェ」を演じ、直後に逮捕された（ルーモーは所用でマンダレーにいて難を逃れる）。二人は七年間の強制労働の判決を受け、中国と国境を接する最北のカチン州の刑務所へ送られた。政治囚として収容された二人は、他の囚人とは別の扱いを受けることになる。石切場での作業の際、二人は特別に足枷をつけられ、不自由な状態で労働を強いられた。

その後、彼らを救うため、国際的人権団体のアムネスティ・インターナショナルや米国の俳優組合が動いた。英語を流暢に話すルーモーによると、二人の解放を求める嘆願書一五〇万通が世界中から軍事政権宛に送られた。その結果、彼らは五年の強制労働で自宅に戻ることを許された。

解放されたといっても、彼らは完全に自由の身になったわけではなかった。日常生活に絶えず監視の目が光り、当局からの通達によって、彼らは公の場で自分たちの演劇を披露することを禁止された。さらに、自宅での上演も禁止されるに及んだ。

「演技をするのは、自分たちの生活であり、仕事であり、人生である」

ウー・パパレイは、自分たちの信念を曲げず、当局の禁止命令にもかかわらず、演技を続けた。彼に直接話を聞いてみた。

――どうしてそこまでして信念を貫き、活動を続けるのですか。

「一九九六年、初めてスーチーさんに会ったときに言われたんだよ。スーチーさんは『私が演説で、人権とか民主主義のことを人びとに訴えかけてもなかなか伝わらないんです。それに一般の人びとが私の演説集会に参加するのは難しいです。でも、ウー・パパレイたちが劇を通じて、ビルマの人びとに、世の中のおかしなところや間違ったところを指摘してくれれば、よっぽどそっちの方が人びとに民主主義とは何かを伝えられるんですから』と。それ以来、オレたちはスーチーさんとの約束を守っているんだ」

彼に話を聞いた日の夜八時半、彼の自宅兼演舞場を再訪してみると九名の欧米人観光客の顔が見えた。欧米の旅行者の誰もが持っている観光ガイドブック『Lonely Planet』のミャンマー（ビルマ）版には、彼らの自宅の地図や活動が紹介されている。

ウー・パパレイたちは毎晩、当局の監視の下、劇を演じていた。もちろん、あからさまに政府批判の題目は披露できない。問題とならないような伝統的なビルマの踊りや喜劇を演じているにすぎない。だが、その場にいると、彼らが訪問者に何を伝えたいのか、手に取るようにわかる。

「これまで日本人は見に来たことないなあ。それに、日本から取材に来たのは、君が初めてかな。外国人が来ることによって、逆に軍事政権へのプレッシャーになって、私たちの身の安全が確保されるのだよ。もっともっと日本でも私たちの存在を広めてほしいなあ」

二〇一三年八月、そのウー・パパレイが息を引き取った。享年六七歳。彼の姿は見えなくなっても、残されたマスターシェ・ブラザーズ（ヒゲ兄弟）の二人が今も同じ場所でビルマ演劇を続けている。

拳を振り上げるだけが民主化運動ではない。だが、人びとの生活の中に入ると、水面下で生き続ける民主化運動の流れを感じることができる。

もう一つの宗教「ナッ神」

八月にマンダレーを訪れるなら、ビルマ最大の「ナッ神」のお祭りである「タウンビョンの祭り（Taung Byone）」にも足を運んでほしい。

お酒を飲んで酩酊状態になって踊るナッカドー

マンダレーの中心部から乗り合いバスで北に向かって約一時間、タウンビョンの村に着く。ここは、ビルマの精霊信仰「ナッ神」の二聖地の一つ（もう一つは、観光地パガンから近いポゥパー山〈ポッパ山〉）で、タウンビョンでは毎年八月、約一週間にわたってナッ神の祭りが催される。

戒律の厳しい上座仏教の国として知られるビルマ。仏教徒として敬虔な人びとは毎日、仕事や学校の行き帰りにパゴダ（仏塔）の前で手を合わせる。だが実際、人間は厳しさだけでは日常の生活をおくることは困難である。そのためビルマでは、僧門に入ると厳しい修行が必要な上座仏教の陰に、裏の神様である「ナッ神」が存在し、人間生活のバランスを図っている。ここタウンビョンでのお祭りでは、色・欲・酒を伴う人間的な生活を営むシステムを伝統的に保っている。

全国からタウンビョンの町に集まった人びとが列車を待つ。

タウンビョンの祭りの主役はなんといっても、全土から集まった異性装（トランスベスタイト〈transvestite〉）や性同一性障がい者（トランスジェンダー）たちに憑依した霊媒師「ナッカドー（nat kadaw）」たちの振る舞いだ。人間とナッ神の間を取り持つ彼らは、たばこをくわえ体中に高額紙幣をまとい、お酒を飲んで酩酊状態となって歌い踊る。

修行僧が僧院に籠もり、僧侶としての修行に専念する「雨安吾《うあんご》」のこの期間、仏教的な行事や祭りが控えられる。この期間だからこそ、全国からタウンビョンに集まった人びとは、ナッカドーに負けじと踊り回って恍惚《こうこつ》状態となり、羽目を外すことを楽しんでいる。そんなビルマの社会規範を逸脱した行為に合わせて、人びとは声を上げて笑い、ナッカドーに手を合わせて願掛けをする。

また、賑やかなお祭りが進行する一方、色とりどりの供物が見られる祭壇の前では、人びとは静かに座り、ナッ神が乗り移ったナッカドーに、仕事や家族のことなど日常生活の悩みを相談している。

ヤンゴンやマンダレーなどの大都市を歩いていて偶然、明らかに異性装の男性に出くわすことがある。ナッカドーたちである。マンダレーで出会ったナッカドーは、自分の親兄弟と連れだっていた。彼のお母さんと軽く言葉を交わしてみると、女装した彼の存在を特に恥ずかしがっている風でもなく、その姿を自然な形で受けいれている印象を受けた。

ビルマ初の「結婚式」が二〇一四年三月二日、ヤンゴン市内で催された。

交際一〇周年を記念したその日、ティンココさん（三七歳）とミョウミンテッさん（二七歳）が、家族や友人四〇〇人を招いて盛大な結婚式を挙げたのだ。この結婚式は、ビルマ国内で驚きを持って報道された。というのは、この二人、同国で初めて、同性愛者としてカミングアウトし、公の場で結婚式を挙げたゲイのカップルだったからだ。

民政移管後、政治や経済の大変化ばかりが伝えられるが、実は凄まじい勢いで社会規範の変化も起こっていた。個人の意識変化も驚くほど進んでいる。

結婚式を終えた一カ月後、二人に話を聞いてみた。

――自分たちの関係を公にするには抵抗感はなかったのですか。

自らが活動する事務所で結婚指輪を見せてくれたティンココさん（左）とミョウミンテッさん

「少しはありました。それよりも自分たちの気持ちに正直になりたいという意識の方が強かったんです。今、ミャンマーには自分たちと同じような人が一〇〇〇人ぐらいはいるんじゃないでしょうか」

「ゲイだけでなくレズビアンのカップルも結構います。結婚式にもそんな友人たちが出席してくれました。彼らのためにも啓発活動を続けていきたい」

二人は今、ヤンゴン市内に、性に関わる者（LGBT＝レズビアン・ゲイ・バイセクシャル・トランスジェンダー）たちの権利獲得のために事務所を開設し、ビルマの一般の人向けに啓発活動を始めている。

マンダレーの市街地からザガイン地域に向かう途中、石切場から切り出したばかりの大理石に鑿《のみ》を打ちつけて仏像を作っている一角がある。以前、カレン州のパアン市で、木枠にコンクリートを流し込み、

マンダレー市内からザガイン地域に向かう途中、仏像を作る工房が立ち並ぶ。

簡単に仏像を作り上げる作業を見たことがあった。そのため、マンダレーで、丹精を込めて仏像を作るその作業風景に時間を忘れて見入ってしまった。

ビルマは釈迦の残した戒律を守る上座仏教である。しかしそれは、修行によって涅槃に到達するのを最大の目的としている。それなのに、仏教芸術の神髄とも思える仏像への信心は、修行の妨げになり、本来ならあり得ないはずである。釈迦の遺骨を納めたパゴダ（仏塔）に向かって、修行の一環を続けるというのなら話はわかる。だが、仏像に手を合わすとは、本来的な上座仏教にはそぐわない。でも、実際、ビルマの上座仏教世界にはそういう面もある。そう考えると、やはりビルマでは、「ナッ神」への傾倒も含め、人間の生活に根ざした信仰心が広く存在していると考えるのが自然であろう。

5　マグウェー地域

仏陀の足跡

マグウェー地域（Magway/Magwei Region）は、ビルマの中で最も目立たない地域だといっても過言ではないだろう。この地域は、北に僧院の多さで有名なザガイン地域、東に旧都を有するマンダレー地域、南東にかつて栄華を誇った「ペグー王朝」を抱えるバゴー地域、西北にビルマ最多の少数派民族グループを抱えるチン州、西南に独自の仏教文化を誇ったラカイン州に囲まれている。ややもすると忘れてしまうほど、印象の薄い地域である。しかし、見方によっては、マグウェー地域は西側にイラワジ河が流れ、民族や宗教紛争には無縁の、最もビルマらしい伝統文化を受け継いできた場所だともいえる。マグウェー地域と聞いて、ビルマの人がまず思い浮かべるのは、アウンサン将軍の誕生の地（ナッマウ〈Natmauk〉）であろう。

さらに「上ビルマ」で最も華やかな「パゴダ祭り」は、このマグウェー地域のシュエセットー

マン川を見下ろすパゴダの境内には「仏陀の足跡」といわれるの遺跡が保存されている。

(Shwe Settaw) で催される「シュエセットー・パゴダ祭り」(Mann Shwe Settaw Pagoda Festival) である。シュエセットーのマン川を見下ろすパゴダの境内には、仏陀の足跡がある、とされる。

チャイティーヨ・パゴダ(ゴールデン・ロック、一五五ページ参照)がモン人の、マハムニ仏像(一三一ページ参照)がラカイン人の仏教遺跡だとしたら、このシュエセットーに建つパゴダの境内に据えられた「仏陀の足跡」は、ビルマ人の誇る単体の仏教遺跡だともいえる。

普段ならアクセスしにくいこの地域に、ビルマ最長の期間を誇る仏塔祭りが行われる二月初めから四月中旬にかけて、全国から巡礼者が集まる。ヤンゴン市内からも直通の観光バスが出るほどである。

マグウェー地域のマグウェーからミンブー

シュエセットー・パゴダ祭りの期間、マン川には竹の筏を組んだコッテージが現れる。

(Minbu) を過ぎると、建物が一つもない埃っぽい田舎道がひたすら続く。シュエセットーの祭りの時期にここを訪れると、カラカラに乾いた空気に触れることで、これこそが「上ビルマ」だと痛感させられる。気温は四〇度を超える日も多々ある。車のない時代にビルマの人は巡礼者として、牛車や徒歩で四〇キロメートルの道を「仏陀の足跡」を拝むため、炎天下の道を二～三日かけて前に進んだという。

一年を通して最も暑い時期に開かれるお祭りは人出でむせかえるが、マン川沿いには竹作りの小屋(コッテージ)が作られ、そこで人びとは寝起きし、川で水浴びをする。全国から人びとが集まるこのパゴダ祭りへは、ツアーへの参加か旅行代理店などを通じて、あらかじめ宿泊や食事の手配をしておいた方が無難である。

6　ザガイン地域

ジョージ・オーウェル「1984」

通常「1984的」とは、自由を制限され統制された強権的な状態に置かれた状態をいう。その由来は、英国の作家ジョージ・オーウェル（George Orwell）が書いた『1984』という小説である。ジョージ・オーウェルはかつて、英国植民地時代のビルマに官吏として赴任しており、当時の体験を小説『ビルマの日々』という形で発表している。その『1984』という小説は、スターリン体制下の全体社会主義国家を揶揄した架空の物語であるが、彼がビルマに滞在していたこともあり、さらにビルマが監視社会の軍事独裁国家であったため、彼の名前と作品はビルマ国内でも広く知られている。

ジョージ・オーウェルは一時期、ザガイン地域（Sagaing Region）の北部のカター（Katha）に暮らしていた。カターは、中国国境が近いカチン州のバモー（Bhamo）とマンダレーにイラワジ河で繋がる、河のほとりに面した地方都市にすぎない。カターは、ビルマ国内のどこにでも見られる、ありふれた町で、見るところといえば、旧植民者英国の残した「英国クラブ」やテニスコート、植民地時代に建てられた教会くらいだ。

イラワジ河の川下り

イラワジ河は、カチン州北部のメリカ川とマリカ川の合流点ミッソンを起点にして、ビルマ全土を南北に貫く大河である。ビルマという国の大きさを体感しようとするなら、部分的ながら、船に乗ってイラワジ河下りを経験するのも悪くない。マンダレーを起点にイラワジ河を川上り、あるいはカチン州のバモー（Bhamo）を起点に川下りができる。可能ならば、マンダレーからカチン州の州都ミッチーナ（Myitkyina）まで飛行機で移動し、その後、ミッチーナからバモーまでは

カター市内に建つ教会

イラワジ河をゆく豪華観光船マンダレー号

カター市内、イラワジ河の畔で水浴びをする人びと

陸路をとる。私が選んだルートは、軍政下ということもあって、ヤンゴンから直接バモーに入った。

川下りは、外国人向けの豪華客船も利用できるが、できれば地元ビルマの人向けの客船を使ってバモーを出発し、カターを目指したいものである。カターは、カチン州バモーから船に乗るとマンダレーまでの二泊三日の船旅となり、その間に必ず立ち寄る寄港地である。

また、このバモーとカターの間では、運が良ければ、希少種のイラワジ・イルカを見ることができる。カンボジアやタイにもいるイラワジ・イルカであるが、その名前の発祥はまさにこのイラワジ河に生息しているからだ。

カターにはイラワジ河に沿って、いくつか宿泊施設がある。夕暮れ時になると、地元の人たちが一日の汗を流すために川岸で水浴びをしている。

ザガイン丘陵からイラワジ河を望む。

ザガイン地域はまた、マンダレーに近い地域では、上座仏教を修めるための僧院が多くあり、パゴダや寺院などの宗教施設がここかしこに建つ。ザガイン丘陵からイラワジ河を見下ろすと、金色に輝くパゴダをあちこち目にする。

7　タニンダイー地域

巨大な「経済特区」建設計画

ビルマの南方、タイ国境に接する地域は、英国植民地期は「テナセリム（Tenasserim）」と呼ばれていた。現在、タニンダーリ地域、あるいはタニンダイー地域（Tanintha〈r〉yi Region）と称されている。ヤンゴンからだと、現在は空路でしかアクセスはできない地域であるが、ヤンゴン発の高速バスがモン州南部のイェー（Ye）まで走り始めた。近いうちにタニンダイー地域の中心都市ダウェ（Dawei）まで、陸路で行くことができるかもしれない。

民政移管後のビルマでダウェといえば、超大型経済特区が計画されている場所として、報道でたびたびその名前が取りざたされている。二〇一三年末の計画で、タイとの合弁で計画が進められようとしたが、ヤンゴン郊外で進められている「ティラワ経済特区」の一〇倍にも達する約二万ヘクタール、総事業費約一兆円という巨大すぎるプロジェクトのため、資金難が囁かれてい

タニンダイー地域ダウェのマウンマガン海岸。村人に連れられて波打ち際を歩く水牛

る。ただ、東南アジアとインドを結ぶ新たな拠点として、火力発電所などの重工業を誘致したいビルマの経済人にとって、この巨大プロジェクトは魅力的で、経済特区の規模を縮小したりして推し進めていきたい計画であろう。

軍政時代の二〇〇三年に訪れたダウェは、経済や政治の中心地であるヤンゴンやマンダレーなどと比べると、格段に「時代の差」を感じさせられる地域だった。町中では車にまじって、馬車がまだ主要な交通手段として使われていた。ただ、経済特区の話が持ち上がって以来、ヤンゴンから視察に訪れる政府関係者や企業関係者が増え、これまで数少なかった外国人向けの宿泊施設も増えてきている。

そのダウェから車で一時間も走ると、マウンマガン海岸（Maungmakan Beach）に出る。そ

ビルマ最南端の町コータウンの漁村

こは、これまで訪れたビルマ各地の海岸で最も美しかったビーチである。

ビルマ最南端の町コータウン

ビルマ本土最南端に位置する町コータウン（Kawthaung）は、隣国タイのラノン（Ranong）から海を越えてのアクセスが容易なため、タイでのビザ延長を目論む外国人が一時入国してくる。

そのコータウンの南端に、英国植民地期に当時のビクトリア女王（一八三七〜一九〇一）にちなんだ「ビクトリア・ポイント（Victoria Point）」と呼ばれる地点がある。現在でもその名前が通用するが、軍政時代には公式に「バインナウン・ポイント（Bayin〈n〉aung Point）」と名前を変えている。アンダマン海を見渡す公園に、ビルマのタウングー（Toungoo）王朝〈二〇三ページ参照〉

コータウンの南外れの公園に建つバインナウン王の像

のバインナウン王の銅像が威風堂々と建っている。
この王もまた上座仏教を推し進める政策をとり、一六世紀半ばには、隣国タイのアユタヤやタイ北部のチェンマイに出兵し、一時はラオスのビエンチャン辺りまで支配下においた人物である。バインナウン王とはそんな支配者だったからこそ、タイとの国境が目の前のこの場所に彼の銅像が建っているのだ。
作家の高見順がアジア太平洋戦争時の従軍日記「ヴィクトリア・ポイント見聞記」に次のように記している。
「飛行場のすぐ手前にゴム園があり、そこにKampong Lama と地名が出ていたが、カンポンは馬来語（引用者注＝マレー語）で『部落』の意。ビルマ領ながら、その最南端のここは馬来語が使われているのであらう」（陸軍報道班手記『ビルマ

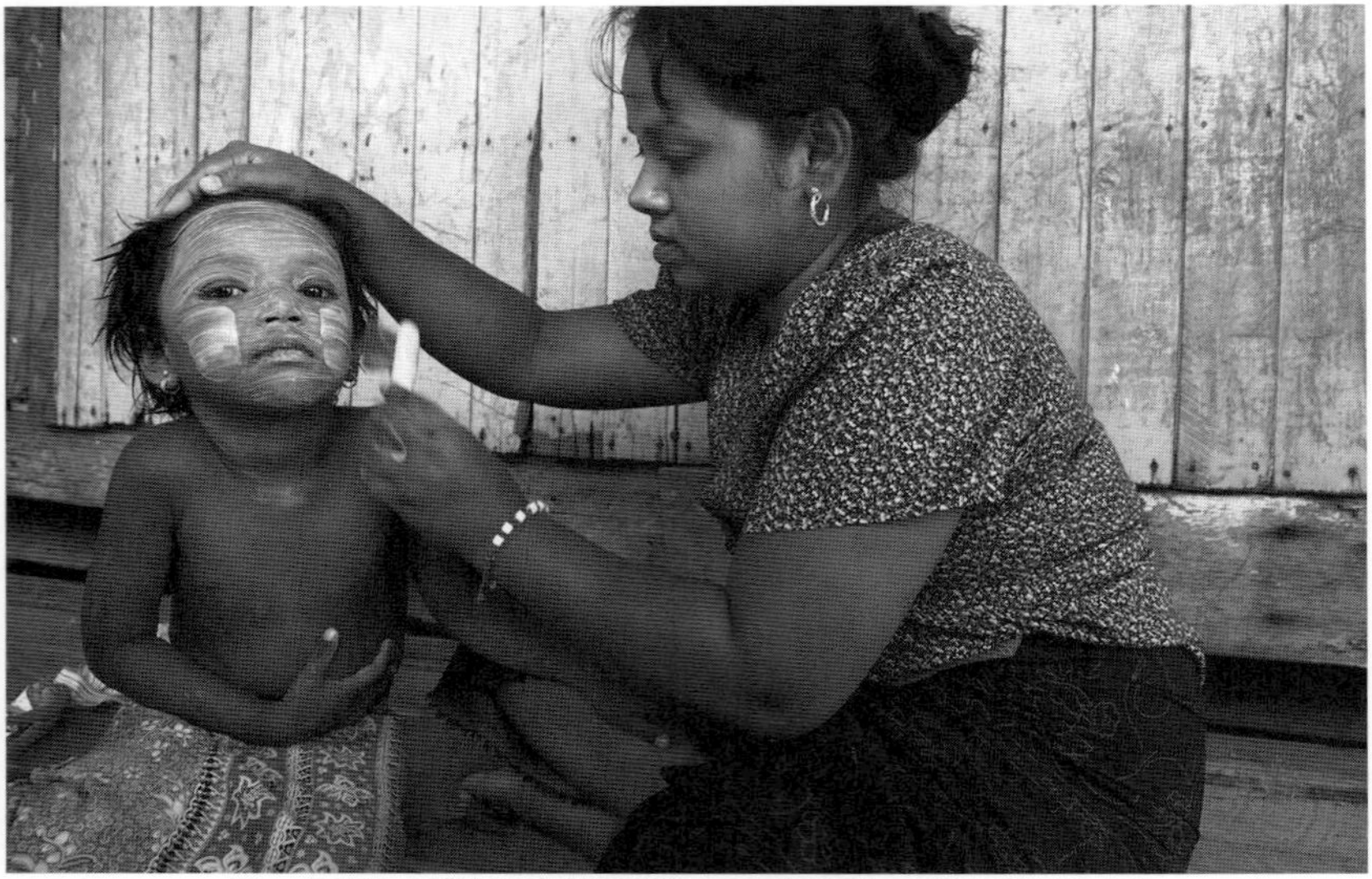

コータウンの漁村に暮らすパシュー人（マレー系ムスリム人）

戡定戦』大日本雄弁会講談社）

ビルマ最南端の町コータウンの先端、海岸が目の前に迫る漁村に行ってみると、そこには、ムスリム人が暮らしていた。彼ら彼女たちは、パシュー（Pashu）と呼ばれるマレー系のムスリム人で、言葉や生活風習は、ほぼビルマ化している。

漁民に話を聞いてみると、そのうち何人かは、暮らしの拠点を船の上に置き、海上生活を営むモーケン人（Moken、サローン人〈Salone〉）たちもいた。彼らモーケン人は、海人とも呼ばれ、その多くはタニンダイー地域の中ほど、ベイ諸島（Myeik Archipelago。ローマ字表記では Myeik と綴るが、ビルマ語では通常、「ベイ」と発音する）周辺に多く暮らしている。

8　ラカイン州

ラカイン州（Rakhine State）に初めて足を踏み入れたのは、二〇〇三年の三月のこと。ヤンゴンから西に向かって飛行機で約一時間飛び、ラカイン州の州都シットゥエー（Sittway/Sittwe）の空港に降り立った。搭乗者の多くは中国人とインド人で、彼らのほとんどは水産物を扱う商売人だった。まずはその土地に慣れようとシットゥエーの市場に行ってみた。すると、そこはヤンゴンのインド人街かと思えるほど、浅黒い肌の人が多かった。さすが、隣国バングラデシュが近いせいか、シットゥエーの中心街の人口の半分はムスリム人やインド系ビルマ人だと推定されている。

実は、観光客にとってのシットゥエーは、仏教遺跡ミャウー（Mrauk U）までの通過点でしか過ぎない。ビルマは上座仏教国であるが、ビルマをより理解しようと思えば、その上座仏教をさらに三つに分ける必要がある。モン人やパオー人を中心とする南東部モン州タトン（Thaton）を中心とするモン上座仏教、そのモンの仏教を引き継いで「上ビルマ」のイラワジ河畔のパガン中心で発展したビルマ上座仏教、さらにアラカン山脈を隔ててビルマ西部で広がったラカイン上

ミャウーの仏塔群遺跡

座仏教である。ビルマ各地は仏教で繋がっていたとはいえ、それぞれの場所は地理的に離れており、時代を経るにしたがって、生活文化や言語が異なっていった。

ちなみに「アラカン（王国）」という名称は、ビルマ西部からバングラデシュ東部チッタゴン（Chittagong）丘陵にまたがる地域で、そこに暮らす人びと、つまり多数派のラカイン人を中心に、ムロ（Mro）、カミー（Khamee）、ダイナー（Dineet）、タッ（Thart）、マルマグリー（Maramagree）などの仏教を信奉する諸民族の総称でもあった。現在は、狭義に、ビルマ西部のラカイン州とそこに暮らす人を意味することもある。

一五世紀頃、欧州と中国を結ぶ海路で活躍したのはイスラーム商人であった。マラッカ海峡がヒンドゥー教からイスラーム化が進んだ時代であ

バングラデシュ東部のチッタゴン丘陵には仏教徒のムロ人が暮らす。

る。東方攻略を進めていたポルトガルは一五一一年、マラッカを押さえ、その勢いは、ビルマ南タニンダイー地域からバゴーを経て、遙か西方のアラカン地方にまで及んだ。このとき、ポルトガルが勝ち進んだ理由の一つに小銃という火器の登場がある。この頃のアラカン王国の王都ミャウー(Murau U)は、欧州や中東からイスラーム商人が頻繁に立ち寄る地域でもあった。また、アラカンの仏教徒王朝は、自らの王朝を支えるために、ポルトガル人や日本人を傭兵にしたり、ムスリム人官僚を重用していた。仏教王朝であるが、イスラーム色が強い社会であったとされる。

初めての盗難事件

シットゥエーから船で数時間、ミンビャ(Minbya)という町に渡った。軍政時代には当然の手続きとして、特に地方で外国人が町に到着すると、まずは地元の役所に届けを出さなければならない。通訳として同行してもらった友人は、私をゲストハウスに残して役所に向かった。宿泊所で待つことになった私は、持て余す時間を埋めようと、久しぶりにビルマ語の勉強をすることにした。そこで、カバンの中をひっくり返す。だが、学習用のポータブル・カセットが見あたらない。もう一つのカバンの中を探しても見つからない。一瞬、訳がわからなかった。しばらく考え、ようやく思い当たった。シットゥエーから船で移動する際、カバンを船員に預けたのだ。その時、他の乗客の荷物とごちゃ混ぜになり、どうやらその時ポータブル・カセットを抜き取られたようだ。

ビルマに通い始めて一一年目、窃盗などの犯罪に遭遇するのは初めてのことであった。これまでの経験から、タイやカンボジアに比べて、ビルマで外国人が犯罪に遭遇することは、まずないと思っていた。旅慣れし過ぎて、ちょっと注意散漫になっていたようだ。そこで、改めて荷物を確認してみると、ああ、やっぱり、小型カメラも盗まれていた。とりあえず、地元の警察に盗難の被害届けを出しに行くことにした。もし、ホテルの近くに窃盗の実行犯がいて、この外国人は届けを出さないと思われたら、また被害に遭うかもしれない。それに警察署の中に堂々と入り、軍政下の地方の警察署がどのようになっているのか、観察してみようという考えもあった。

警察署に着くと、外国人が盗難の被害に遭ったと聞いて、わざわざ署長が対応することになった。署長は近くの喫茶店からコーヒーを取り寄せ、「さあ、せっかくだから飲め、飲め」と、私の話など構いなしで勧めてくる。署長は、軍出身の中年男性であった。「そんなに偉そうにしなくても」——ひと目見て、肌が合わない。警察署内の観察などはさっさと切り上げ、すぐにでもその場を後にしたいと思ったほどだ。だが、署長も暇を持て余している様子である。なかなか帰してもらえそうにない。その署長、外国人に対して自分が横柄な態度で接しているところを、署内にいる部下に見せつけたいようだ。典型的な地方のプチ・ボスという感じである。悪いことに、突然、季節はずれの雨が降ってきた。落雷を伴った豪雨である。この雨のせいで、足止めを食らった。

「なんで、わざわざこの町に来たんだ。どのくらい滞在するのか。仕事は何をしている」

その署長は、矢継ぎ早に質問を投げかけてくる。盗難に遭った被害者ということよりも、外国人がなぜこの町に？　ここで何をしているのか？　そちらの方に興味があるようだ。それも、居丈高な態度である。まるで取り調べを受けている感じである。被害に遭った者がどうしてこういう扱いを受けなければならないのか。だんだん腹が立ってきた。

それでも、彼と半時間も話をしてみると、次第に事情がわかってきた。この署長、そんな横柄な態度をとっているのに、別段悪気はないらしい。部下に対するやりとりを見ても、普段からそのように偉そうな態度をとっているようだ。警察署長としての一種の職業癖だ。

ヤンゴン出身だというその署長は、妻子を大都会に残して、ラカイン州への単身赴任は三年目に入った、と言う。できるだけ早くヤンゴンに帰りたいんだ、と愚痴をこぼし始める。ビルマの西の端の、州都ならともかく、それにも及ばない小さな町での仕事など続けたくないという。彼の話しぶりから、現地ラカイン人を見下すところが端々に感じられた。それはまた、ヤンゴンから一緒に来た私のビルマ人の友人にも通じるところがあった。

その友人が言うには、シットゥエーで地元の人と話を交わすと、自分の話すビルマ語が時々、通じないという。「ありがとう」と言うのに、「チーズティンバーデー」と発音せず、「チーズト・ンバッデー」と変なビルマ語の発音をするんだ、と苦笑していた。地方のラカイン人はまともなビルマ語も話すことができない、ヤンゴンの人よりもちょっと劣っている、と私に言い含めるように話していた。ラカインの人を小馬鹿にしたような態度をとるのは、悪意は全くないのかも知れないが、やっぱり居心地悪かった。そこには、ヤンゴンが中心の、ビルマ族中心の考え方が背景にあるのではないかと思うのは、私の穿った印象なのだろうか。

署長は、部下に被害調書を作らせながら、世間話を続ける。

「もし、この町で必要なことがあったら何でも言ってくれ。ここの奴ら、警察と軍隊を怖がってるから私に任せなさい。ビルマ人である俺がなんとかしてやるから」

頼りたくないよな、こんな人には絶対。ヤンゴン出身のビルマ人がラカイン人に対するこのような態度こそが、地方に住む諸民族がビルマ人に対して反感を持ってしまう原因の一つではないだろうか。ビルマ人の軍人がその土地の少数派民族を抑えるという構図は、ビルマにおける中央と地方との関係を如実に表している。つまり民族（人）と民族（人）との関係がたえず力の関係で構築され、一般の民衆同士が日常生活で交流していないため、抑えられた側の民族は、抑える側の民族全般に反発心しか持たなくなっている。

これに似た関係は、実は日本とビルマの間にも存在する。旧日本軍はかつて、ビルマに侵攻した。それは力を持った侵略軍の兵士と非力な地元民という関係であり、日本軍兵士は、現地の人の素の暮らしを進んで理解しようとしなかった。地元の少数派民族の人を「未開の民」とみなしていた。

アジア太平洋戦争当時、ビルマに侵攻した日本軍は、中国の蒋介石の国民政府を支援する連合国軍の「援蒋ルート」を遮断しようとした。補給を軽視した無謀な作戦——マンダレーを起点にザガイン地域からインドに向かったインパール作戦や、レド公路を封鎖しようとしたカチン州のフーコン渓谷の作戦で、敗走する日本兵を救ったのは、戦渦に巻きこまれたその土地に暮らすチン人、カチン人、シャン人、カレン人たちであった。彼らは基本的にビルマ族（バマー）ではない。むしろビルマ族に反感を抱く少数派民族であった。それなのに戦後、ビルマでお世話なった旧日本軍兵士は、ビルマの人に迷惑をかけたと現地へお礼行脚に出るとき、いまだに「ビルマ人に恩返し」という認識だけで、少数派民族の存在にまで思いを寄せることは少ない。

豪雨のため、約一時間半、この警察署で足止め。鬱陶しい雨とそれに輪をかける署長の長話。いやな雰囲気が続いた。

ラカイン州に来る外国人は否が応でも目立つ。地方に勤務を任命されたビルマ人の署長にとって、何故わざわざ、ビルマの西の端まで来るのか、という気があるらしい。そんなときは、「仏教遺跡のミャウー（ミャウーウー）に行くついでなんだ」ということにしている。その「ミャウー」という名前を出すだけで、大方のビルマ人は納得してくれるからだ。

軍政下外国人立入禁止の地マウンドー

二度目のラカイン州訪問、二〇〇七年のシットゥエー行きは、州北部のマユ地域（Mayu Region）にあるマウンドー（Maungdaw）への訪問を計画していた。一般の外国人の訪問が禁じられていたマウンドーへは陸路では行くことはできず、船を使って川を遡るしか方法がなかった。シットゥエーに飛行機が着いたその日、私は河川局の本部を訪れ、自分の持っていた外国人登録証を見せ、マウンドーまでの乗船切符を購入することに成功した。

翌日、シットゥエーの船着き場に出かけ、地元の人に交じって船に乗り込み、出港を今か今かと待っていた。だが、出港間際というまさにそのとき、突如イミグレーション（越境）の係官が船に乗り込んできた。私を下船させるためである（日本の江戸時代の「関所」のように、軍政時代のビルマは、行政区を越えて移動する場合、越境係官から身分証の点検を受ける場合がたびたびあった）。

私は、川沿いにある河川局の本部へ連れ戻され、乗船切符を取り上げられそうになった。私は正式な手続きを経て切符を買ったのだから、その切符を無効とするのは法律違反なのではないか、と河川局の責任者に助けを求めた。

するど、河川局の責任者とイミグレーションの係官が口論を始めた。ビルマ人だと思われる河川局の責任者は、何を思ったのか私の味方をしてくれている。どうやらその責任者は、イミグレーションの係官の大きな態度を見て、決まりをよく知らずに外国人に切符を売ってしまったことを指摘されて自分の面子を潰されたと思ったようだ。半時間ほど押し問答が続いた。だが、船を下ろされた時点で、私はすでにマウンドー行きを諦めていた。これまでの経験から、外国人の行動を何かと制限するのがビルマの現実だったし、実際、私のマウンドー行きは結局キャンセルさせられた。

そのとき、どうして私がマウンドーに行きたかったかというと、マユ地域にはロヒンジャというムスリム人が暮らすところ、と聞いていたからだ。実は、ビルマ人の間で、イスラームの話をするのは憚られるという風潮があった。とりわけロヒンジャの話題は避けられていた。いったい、そのロヒンジャとはどのようなムスリム人の集団なのか。直接、自分の目で確かめてみたかったのだ（ロヒンジャについては二五四ページ参照）。二〇一二年六月、民政移管後のビルマで仏教徒ラカイン人とムスリム人の対立が起こり、多くの人命が失われることになった。国内外の報道では、宗教対立、民族対立が激化したと伝えられていた。だが、そのような対立が激化したビルマ特有の事情を正確に説明している報告は、ほとんど見られなかった。

マウンドー行きがキャンセルになり、予定が狂った。チェックアウトしたばかりのホテルに戻ると、支配人が怪訝な顔つきで尋ねてきた。

「何か問題を起こしたのか。当局から問い合わせが入ってきたぞ」

心配そうな顔つきの支配人ではあったが、何やら次々と質問を投げかけてきそうだった。

「マウンドーへ行こうと思ったんだけど駄目になったんだ。仕方ないから明日、ヤンゴンに帰るよ。それまで暇つぶしにちょっと市内をぶらついてくるよ」

支配人にそれだけ告げ、ホテルを後にした。すると予想通り、ホテルを出ると、尾行が二人ついてきた。こんな小さな町では逃げ隠れできない。そのまま尾行を引き連れ、市内を散策するしかない。

あたりを歩きまわっていると、通りに面した家の前に天幕が張られ、人が出入りしている。何だろう、と思って天幕に近づいていくと、ベッドに老人が一人横たわっている。よくよく見ると、その老人は息をひきとっている。静かに横たえられた老人の姿は、天幕の外からも丸見えである。どうやら、これからお葬式が始まろうとしている。しかし、お葬式にしては、その場の雰囲気が

シットゥエー市内で遭遇したお葬式の様子

和やかすぎる。

責任者らしき人に、「写真を撮ってもいいですか」と尋ねてみると、「いいですよ。それにご飯を食べていってくださいね」と気軽な返事が返ってきた。

写真を撮った後、周りの様子を観察してみる。どうやら老人の家族らしき女性は悲しんでいるが、集まった人はその遺族を慰めつつ、食事を振る舞われながら歓談している。それは、ラカイン州で見た上座仏教形式のお葬式でもあった。

仏塔群遺跡ミャウーとラカイン相撲

ビルマ西方ラカイン州には有名な仏塔群遺跡がある。その場所が「ミャウー」である。二〇一〇年四月、シットゥエーから船で約六時間、カラダン河(Kaladan River)をさかのぼって、ミャウーを初めて訪れた。三度目のラカイン州への訪問で、ようやくその地に足を踏み入れることになった。そのとき、カラダン河をさかのぼる客船に乗っていた外国人は私ひとりきりだった。

ビルマ人（ビルマ族）の王朝がイラワジ河湖畔に点在していたのと同じように、ラカイン人の仏教王朝もカラダン河沿いにいくつかの王朝を築いてきた。また、ビルマ王朝が灌漑で発展したのと同じように、ここでも川沿いに町々が発展してきた。さらに、ビルマの王朝が中国やモンゴルからの脅威を受けていたのと同じように、ラカイン王朝はインドやモンゴルからの影響を強く受けていた。

歴史上、欧州と中国とをつないできた道は、中央アジアの陸路シルクロードと東南アジアを中継地とする海路の二通りであった。海路では、現在のマレーシアのマラッカ海峡を制する者が、時の東南アジアにおいて有力な支配者となった。そこに欧州がやってくる。ポルトガルは一五一一年、当時イスラーム勢力が支配していたマラッカを占領する。その頃、ポルトガルの海軍は世界一の強さを誇り、ラカインや南ビルマの現在のタニンダイー地域を支配下に置き始めていた。

ラカインの王朝は、それらポルトガルの勢力を味方につけることによって南ビルマの支配を目指し、さらにバゴーにあったモン人の王国まで征服した。ラカイン王朝は一時期、ビルマ南部のモン州モーラミャインから隣国バングラデシュの首都ダッカまでを支配することになった。当時、東南アジア地域の各所に日本人町ができており、そこからラカイン王朝の傭兵になる日本人も存在していた。

ラカイン仏教を起源とする黄金のマハムニ仏像(現在はマンダレーにある)

その後、勢力を復活させたビルマ王によってラカイン王朝は一七八四年に征服され、「マハムニ仏像(Mahamuni Buddha Image)」として有名な「ゴールデン・ブッダ」はマンダレーに持ち去られてしまう。三五〇年続いてきたラカイン王朝は滅亡した。それと同時に、上座仏教といえども違いのあった、モン系仏教、ビルマ系仏教、ラカイン系仏教が「ビルマの上座仏教」として収斂していくきっかけともなった。

ラカイン王朝とビルマ王朝との最も大きな違いは、前者は一三世紀ころからイスラームの影響を、ビルマの他のどの地域よりも受けていたことであろう。仏教徒ラカイン人はかつて、ラカイン名と共にイスラーム名を同時に名乗ることもあった。ラカイン人にとって、イスラーム(ヒンズーも含めて)は単なる宗教ではなく、その文化や生活風習、経済的なやりとりなど、日常生活全般に関わる生活の一部であったからだ。イスラーム様式という暮らしに便利なものは、生活の中に積極的に取り入れられていたのである。実際、ラカイン州ではペルシャ語が刻印された貨幣も出土している。

ちなみにビルマの最初のパガン王朝は一三世紀後半、モンゴルの元軍に滅ぼされる。モンゴルは当時、イラン系（ペルシャ）のムスリム人が商人・官吏・技術者としてめざましい活躍をしていた。また、モンゴルは「徙民《しみん》政策」（主に中国で採られた政策で、時の支配勢力が自らの勢力を維持・拡大するために、自領土内の抵抗勢力を他地に強制的に移住させること）によって、ビルマと国境を接する中国雲南省にムスリム人を送り込んでいた。

ラカイン王朝のミャウー遺跡群は、三〇〇〇以上のパゴダが点在するビルマ王朝のパガン遺跡に比べれば、小ぶりである。だが、ヤンゴンからの交通の便が容易ではないという理由から、ミャウーの遺跡開発はそれほど進んでおらず、昔の姿のパゴダをゆっくり見てまわることができる。ミャウーでは最近、外国人観光客を呼び込もうと、エアコンを完備したコッテージ風のホテルも用意されている。暑気の厳しい四月、私はここミャウーで気温四五度という経験もした。

二〇一〇年にミャウーを訪れようとしたもう一つの理由は、「ラカイン相撲」を自分の目で見

ミャウーの仏教遺跡の老僧と少年僧

ることであった。年に一度、水かけ祭りが終わった直後の満月の日、ラカイン州の力自慢の男たちがラカイン式の「相撲」で取り組みをする、というのだ。なんでもその「ラカイン相撲」は、ラカイン王朝時代に日本の傭兵が持ち込んだという話も伝わっている。

同じ上座仏教圏内でも、タイ、ビルマ、カンボジアの格闘技は、どちらかというとボクシング形式で、ラカインの格闘技とは全く異なる。

ミャウーに到着後、地元の人に、いつ、どこで、ラカイン相撲が開かれる予定かを聞いてみた。すると、ラカイン相撲は来週の開催だ、という。私が訪れた週ではなかった。実は、ヤンゴンを出る前、あらかじめ政府の観光案内所で、「水かけ祭りの期間」を聞いていたのにズレていた。

その理由はすぐにわかった。「水かけ祭りが終

シットゥエーで見せてもらったラカイン相撲のブロマイド

わって最初の満月」といっても、その年のビルマ人の月齢カレンダーとラカイン人の月齢カレンダーは一週間ズレていたのだ。ラカイン州内の伝統行事は、あくまでもラカイン時間で決まっている。ビルマ国内のことだから大丈夫だと思っていたが、甘かった。自分自身も、ビルマ族中心のビルマ観を持っていたことに改めて気づかされた。

シットゥエーからヤンゴンに戻る飛行機の予定は変更できない。「ラカイン相撲」を見物できずに落胆したままミャウー遺跡の見物となった。さらに、ミャウーからシットゥエーへ戻る予定の船もトラブルを起こし、予定の船がキャンセルとなった。帰りの飛行機に間に合わないかも知れない。慌てて桟橋に出向き、荷物を積んでカラダン河を下る団平船《だんべいぶね》（平底の運搬

ミャウーからシットゥエーまでカラダン河を下る。

船）に便乗させてもらった。船はゆっくりとシットゥエーへ向かった。船首楼から、川幅が一〇〇メートルはあろうかと思えるカラダン河の川面を眺めていると、一瞬、水面が跳ねた。船員が「ドルフィンだ」という。ああ、あれが噂の「イラワジ・イルカ」なのか。

シットゥエーに戻ると、「ラカイン相撲」について詳しい人物がいるというので、会ってみた。写真店の経営を先代から引き継いだという若い店主は、白黒ブロマイドの束を広げて、いくつもの相撲の決まり手を紹介してくれた。

「確かに、この相撲が日本から伝わってきたという話は聞いていますが、その真偽はわかりません。いずれにしろ、今はラカインの伝統になっています」と説明してくれた。

9　カレン州

カレン民族を象徴する時計塔

ヤンゴン市内のアウンミンガラ・バスターミナルから夜行バスに乗り、東に向かって四〇〇キロメートルの道のりを約六～八時間かけて走ると、夜明け直前にサルウィン河（Salween River）の畔に到着する。夜が明けると、バスの渡河が始まり、カレン州（Karen State/Kayin State）の州都パアン（Pha-an）に到着する。

カレン州は文字通り、カレン（カイン）民族の人びとが多く住んでいる地域である。パアンに行く魅力はなんといっても、地方に暮らすカレン人に出会え、彼らの実生活を目の当たりにできることである。

パアンのバスターミナルは市街から少し離れている。バスはパアン市内に入ると、乗客の大半は市内から離れたバスターミナルまで行かず、時計塔近くのロータリーで降りる。カレン州の州都らしく、パアンの中心部に建つ時計塔には、牛の角や太鼓など、カレン民族を象徴する飾りが付いている。到着したばかりの夜行バスには、乗客目当てのサイカーやオートバイ・タクシーが寄ってくる。

時計塔付近でバスを降り、そこから直接歩いて行けるホテルは、パラミー・ホテル（Parami Hotel）、格安ゲストハウスなら、ソーブラザーズ・ゲストハウス（Soe Brothers Guesthouse）。少し離れたところで、サルウィン河の近くにタイガー・ホテル（Tiger Hotel）やシュエカンキン・ゲストハウス（Shwe Kan Kin Guesthouse）がある。民政移管後、政府とカレン民族同盟（KNU）との停戦交渉が始まると、政府要人が滞在するための豪華な宿泊施設ホテル・ズエカビン（Hotel Zwekabin）もオープンした。

パアン市内に建つ時計塔

パアン市内の中心部の湖からズェカビン山を望む。

私がよく利用するシュエカンキンは、眺望の良い最上階に外国人専用の部屋が二つあり、インターネットの無線接続も完備されている。外国のNGO団体のスタッフもよく利用する宿泊施設である。シュエカンキンの欠点は、市場まで歩いて五分ぐらいとはいえ、すぐ近くにゆっくり食事をする場所が見当たらないことである。

パアンを訪れる外国人旅行者はそれほど多くない。そのため、観光客が市内をぶらぶらと歩きまわったり、観光スポットがある場所に手軽に移動することは難しい。そこでオートバイ・タクシーのお世話になる。また、タイ・バンコクでよく見かける「トゥクトゥク」に似た三輪の乗り物を利用する手もある。こちらは一台借り切っての料金だから数人で借りる場合、頭割りすれば安く上がる。

パアン市内での一番の観光名所は、カレン人の「心のふるさと」であるズェカビン（Mt. Zwegabin/Mt.Zwekabin）山ぐらいだろうか。ビルマのカレンダーにもよく登場する山である。カレン博物館の脇にある湖から望むズェカビン山は、特に朝夕の景色がすばらしい。

ビルマ国内には、チャイティーヨ・パゴダ（通称「ゴールデン・ロック」、一五五ページ参照）のような不思議な形をしたパゴダがいくつかあるのだが、ここパアン近郊にも、チュクレー・パゴダ（Kyauk Ka Lat /Kyaung Kalap Pagoda）という奇妙な形をしたパゴダがある。

パアン市郊外のチュクレー・パゴダ

風雨によって削られた奇妙な岩の頂上に建つそのパゴダまで、急な階段を上って、すぐ近くで見ることができる。頂上から見るカレン州の風景は息をのむほどの絶景である。

また、通称「ガンゴー・タタウン(Bodhi Tataung)」という公園は、見渡す限り、一一二〇体の仏像が広がっ

1000体以上の仏像が並ぶ通称ガンゴー・タタウン公園

ている場所である。

聖地ターマニャ山

六〇年以上続いた内戦で、銃火が止んだことのなかったカレン州は軍政時代、州外からの立ち入りは厳しく制限されていた。だが、カレン州内の、多くの巡礼者を迎える聖地「ターマニャ山(Thamanya Hill)」への参拝旅行は可能であった。そこは唯一、外国人がパアン郊外に出かけることのできる地域でもあった。ターマニャ山には、その名前の由来のターマニャ僧正が暮らしていた。

パアン市内からターマニャ山までの行き方は、タイガー・ホテルやシュエカンキンに近いシュエイエンミョー・パゴダ(Shwe Yin Myaw Pagoda)の前から、乗り合いのピックアップ・バスに乗るのが最もわかりやすい(満員になり次第出発)。そ

シュエイエンミョー・パゴダのピックアップ・バス乗り場(カレン州パアン)

のバスで約一時間、ターマニャ山の麓に着く。実際、山というよりも、小高い丘である。ターマニャ山を中心に、半径約四・八キロメートルは、ターマニャ僧正に帰属する宗教地だった。

ターマニャ僧正の本名は、ウー・ウィヤナ。一九一二年、パアン市近郊の村に生まれる。実は僧正はカレン民族ではなくパオー民族であった。その僧正がターマニャ山で修行を始めたのは一九八一年、六八歳のときであった。ターマニャ僧正は、ほとんど人の住まなかった地域の道路を整備したり、ターマニャ山の麓に住む人びとのため、信者の力を合わせて井戸を掘り、寄付のお金で自家発電を充実させることによって、その影響下の地域を徐々に広げていった。さらに、ターマニャ僧正に関して、宝くじの番号を当てる、空を飛ぶなど、仏教と土着の信仰である超自然的な

ターマニャ山を望む。山腹に僧院が見える。

力を持った人物として、さまざまな伝説が伝えられていった。そのうち、当時の軍政も手出しができなくなるほどの威光と人気を全国規模で広げていった。

ビルマ国軍とカレン民族同盟（ＫＮＵ）は長らく内戦状態にあった。ＫＮＵは実際、その軍事部門であるカレン民族解放軍（ＫＮＬＡ＝Karen National Liberation Army）が戦闘を担っていた。長引く内戦のため、数十万人規模の村人が難民となって隣国タイに逃げたり、あるいは「国内避難民」となって山中で厳しい暮らしを余儀なくされていた。

一九九四年末、キリスト教徒がその多数を占める指導部のＫＮＵに対し、仏教中心主義を名乗る民主カレン仏教徒軍（ＤＫＢＡ＝Democratic Karen Buddhist Army、民政移管後「Democratic

Karen Benevolent Army」に改名）が結成された。彼らは、ビルマ国軍の手足となって、ＫＮＬＡやその支援者と見なす村々を攻撃し始めた。ＤＫＢＡは、これまで難攻不落とされてきたＫＮＵの総司令部マナプロウを陥落させ、ＫＮＬＡの力を一気に弱体化させることに成功した。このとき、ＫＮＬＡとＤＫＢＡというカレン人同士が、敵味方となって戦った。そのため、戦火から逃れようとする避難民はさらに増えた。そんなとき、苦境に陥った村人の一群を救ったのがターマニャ僧正であった。ターマニャ山の域内では、菜食主義を守って生活する限り、誰でも受け入れる、としたのだ。やがてその域内は、内戦の銃火からは無縁の聖地となった。

在りし日のターマニャ僧正（1998 年撮影）

軍政は一九八〇年の宗教法によって、宗教集団である「サンガ」を通じて僧侶たちの活動を抑え込んでいたが、サンガに所属していないターマニャ僧正のような人物は軍部の手の届かないところに位置していた。それゆえ、ターマニャ僧正が軍政批判の説法を続けることで、それがまた人びとの人気に拍車をかけることになった。

スーチー氏が一九九五年、第一回目の自宅軟禁から「解放」された直後、ヤンゴン以外で最初に訪れた地が、このターマニャ僧正のもとであった。ビルマの人は、スーチー氏と並んだ写真を撮りたがるのだが、このときは、スーチー氏がターマニャ僧正と並んで写真を撮ったといういきさつもある。

ヤンゴンでは今でも、注意深く観察してみると、町中の喫茶店や食堂にターマニャ僧正の写真が掲げられている。軍政当時、多くの人が、椅子に座るターマニャ僧正の前でスーチー氏が座った記念写真を大切に持っていた。二〇〇四年秋に失脚する、軍政のナンバー3であったキンニュン第一書記（当時）もターマニャ僧正に会いに訪れている。

二〇〇二年一二月、前の独裁者ネウィン大統領が九二歳で死去する。そのとき、さすがターマニャ僧正はあのネウィンよりも長生きした、と噂されたりもした。ターマニャ僧正は二〇〇四年に九二歳（数え年で九三歳）で成仏する。現在のターマニャ山の域内は、僧正が存命中ほどの勢いはない。それでも、僧正の弟子たちがその後を継ぎ、いまだに多くの仏教徒たちが訪れる聖地に変わりはない。

そのターマニャ山は今、どうなっているのか。パアンから日帰りの見学も可能だし、現地ビルマ人

ターマニャ山の敷地内にある瞑想センター

と一緒になってごろ寝の宿泊もできる。ただ、日帰りの場合は、パアンを朝早めに出かけた方が良い。

ターマニャ山麓の地域は菜食主義が決まりである。本来なら、域内に入る二〜三週間前から肉を摂らないことになっている。だが、外国人はそういう習わしを直前になって知ることになるので、いきなりの菜食のみの暮らしは難しい。それでも、ターマニャ山に向かう前の日ぐらいからでも肉を摂らないでおくと、ちょっとでも修行をした気分になる。

ターマニャ僧正に最も近かった弟子の一人ウトン氏は、山の麓に外国人の参加も可能な瞑想センターを開き、仏教の教えを説いている。そのため、ヤンゴンから瞑想のために訪れるビルマ人も多い。ちなみに外国人がビルマ人と同じように瞑想をしようと思えば、それも可能である。住み込み・衣

ターマニャ山近くの道路を走りまわるDKBAの兵士たち（2012年撮影）

食住付き、四週間で一〇〇〇ドルの経費がかかる（短期間の場合は、応相談）。

ターマニャ山はそれほど勾配はない。頂上への道は、参拝者用の階段と車用の道路の二つがある。歩いても一五分もかからない。歩いて登ると、参道の途中に、無料の食事がふるまわれる大食堂がある。飲食のすべては信徒からの寄進でまかなわれている。また、ターマニャ山の域内には、市場や食堂、喫茶店もある。

ターマニャ山麓は、基本的に修行と参拝の宗教地である。辺り一帯は、観光客として動きまわるには、数時間もあれば退屈してしまう。しかし、「テラコン（Telakon）」や「レーケー（Leke）」と呼ばれる白装束姿の特別な仏教徒集団に遭遇したり、武装したＤＫＢＡ（民主カレン仏教徒軍）の兵士（本来は武器の携帯が禁止さ

ビルマ・カレン州（ミャワディ）とタイ・メソットを結ぶアジアハイウェー（AH1、タイ側から撮影）

れている）の姿を見ることもできる。ちょっとした異界を訪れた気分にもなる。

押し寄せる経済開発の波

これまで、カレン州の東部が外国人に対して開かれていたのは、ヤンゴンからパアンを経て、ぎりぎりターマニャ山までだった。ターマニャ山から東へ約一五〇キロメートル、車で数時間走れば、タイ国境が見えてくる。実は、ビルマとタイが繋がるその道路は、「アジアハイウェー1号線（AH1）」の一部区間でもある。アジアハイウェーとは、一九五九年に国連アジア極東委員会が提唱し、その後、国連アジア太平洋経済社会委員会によって進められた、アジアとヨーロッパを結ぶ、現代の大「東西回路」である。ちなみにアジアハイウェー一号線の起点は、

カレン州パアンからサルウィン河を下り、モン州モーラミャインに船で移動すると、ビルマ最長の橋の全景を見ることができる。

東京・日本橋で、終点はトルコとブルガリア国境である。

二〇一二年一月、ビルマ新政府とKNUとが停戦した。ようやく、長年止まっていたアジアの大動脈が動き始めることになった。ベトナムを出発点に、カンボジア、タイを経てビルマに到達する別ルートの「東西回廊」も現実味を帯び始めた。

二〇一三年末にもなると、ビルマ人やタイ人に限らず他の外国人にも、カレン州のターマニャ山からタイとの国境の町ミャワディにまで、陸路での往来も認められた。この区間には、豊富な天然資源が埋まっており、今後その開発が見込まれている。

ただ、KNU指導部の中には、新政府と停戦合意に至ったとはいえ、経済的な利権を優先する性急な和平交渉が進むのを危惧する勢力も存在している。ビルマ人主導の開発事業が始まると、予想した以上のビルマ人企業家がカレン州内に流入し、商売上の交渉に慣れていないカレン人が不利な立場に置かれるのではないかと心配しているのだ。また、急激な変化に伴って、カレン民族としてのアイデンティティが弱められるのではないかと不安視する声も根強い。

カレン州のパアンまで来たなら、そこからサルウィン河を下り、モン州の州都モーラミャイン（モールメイン）まで船で移動することも可能だ。

ターマニャ山に向かうためのピックアップ・バス乗り場であるシュエイエンミョー・パゴダのすぐ近くが、船乗り場である。下りの船は週に二回、夜明け前にパアンを出航し、昼前にモーラミャインに着く。

10 モン州

英国植民地時代の首都だったモーラミャイン

ヤンゴンのアウンミンガラ・バスターミナルで高速バスに乗り、東へ向かう。バスは約一時間半でバゴー（Bago）を通り過ぎ、六～八時間も走るとモン州（Mon State）を二つに分かつサルウィン河の畔に着く。その畔の町がモッタマ（Mottama）である。二〇〇六年に中国の援助でビルマ最大の橋（車と鉄道共用）が対岸のモーラミャイン（Mawlamyaine）に架かるまで、二つの町は船でしか往来ができなかった。

モン州の首都でもあるモーラミャインは、一八二七年から一八七五年まで英国の植民地時代の首都として栄えた町で、ビルマ軍政が一九八九年に国名や地域を英語呼称からビルマ呼称に変えるのにともなって、旧呼称モールメインからその名前を変えた。モン州は、その名の通り、モン民族が州内の人口の多数派を占める。

仏教国ビルマのルーツを簡単に遡ると、西部ラカイン州は別格として、ビルマと隣国タイの上座仏教はモン仏教から広がった。モンはその名の通り、近くはモン・クメール語派のカンボジアやベトナム、マレーシアやインドネシアから、遠くは海洋国家の中継地としてインドや中東まで交流していた古い歴史を持っている。

現在の州都はモーラミャインだが、かつてはタトン（Thaton）という町が、モン王国の中心地でもあった。ビルマ関係の歴史書を見ると、「ビルマでは紀元前後『ピュー（驃）族』が最も早い国家を形成していた」という記述もあるが、実はピュー族と同時期にビルマ南部に「撣《たん》国」という国家が存在していた。その撣国の王が一三一年、中国の後漢に入貢という記述が残っている。この撣国はタトンを中心とするモン人の王国ともいわれる。それゆえ、ビルマという国の最も古い歴史は、内陸の「ピュー（驃）」と海岸部のモンの歴史から始まったともいえる。

ビルマ文字は、モン文字から派生し、ビルマ文化もモンの文化を継承している。それゆえ、モン人のビルマ文化に対する思いは、反感ほどではないが、複雑なものがある。

民政移管後のビルマで民族対立を抑えてきた政府の締め付けが緩んだのか、二〇一二年になってビルマ人の学者が、古代仏教王国「黄金の国（スワンナプーム王国〈Suvanabhumi〉）」はモン民族の首都タトンにあったのではなく、ビルマの祖先ピュー王国の下にあった、と公言し始めた。これに対し、モン人の国会議員が議会で、下院議長に抗議の申し入れをすることになった。さらに、この学者の発言に対し、モン人の学生や僧侶たち数百人がモーラミャインで抗議行動を起こした。どこの国でもそうだが、いかに自民族がその土地で最も古い歴史を誇っているか、ということを主張しがちである。ビルマでもその傾向はまったく同じである。

そのモン人の勢力はいくつかの興亡を繰り返し、一時期ヤンゴンの隣バゴー〈ペグー〈Pegu〉〉地域にまで広がっていた。欧米の植民者はペグー王朝に暮らしていたモン人たちを「ペグー人」とも書き記している。ビルマの歴史を振り返ると、王朝・国家・民族の呼称などは、そのときどきの支配勢力やその後の史書編纂によって、史実にある程度の「幅」が出てくる。ビルマとモンの関係を見直すと、改めてそのことを教えてくれる。

ちなみに、タイ・バンコクで二〇〇六年に開港した国際空港は、「スワンナプーム国際空港(Suvanabhumi Airport)」と名付けられた。その名前の由来は、やはり、「黄金の土地」を意味するスワンナプームである。空港の命名は、タイのプミポン国王によってなされた。これは、今では当然視されているが、その昔は存在していなかった現在の「国」や「民族」を基準に考えるのではなく、あくまでも上座仏教を信奉する王としての態度をとったのであろう。

モン州の二つのパゴダ

かつては、ヤンゴンとマンダレーに次ぐビルマ第三の都市を誇ったモーラミャインであるが、

モン州モーラミャインに建つビルマ最初のバプティスト教会

現在はちょっとした大きな田舎町という感じである。ただし、古い都市だけに、ビルマで最初のバプティスト教会（First Baptist Church）が町中に残っている。また、その教会のすぐ隣に建つのはモン文化博物館である。

市内からサイカーと徒歩を合わせて約一時間、チャイタラン・パゴダ（Kyaikthanlan Pagoda）が頂に建つ丘の麓にたどり着く。チャイタラン・パゴダからは、眼下にモーラミャインの町が広がり、遠くにサルウィン河まで広く見渡すことができる。

軍政時代、モーラミャインを訪れる外国人のメディアの関係者が多かった。というのも、チャイタラン・パゴダが建つ丘からモーラミャイン刑務所が丸見えなのである。ビルマでは「政治囚」と呼ばれる活動家たちが一九八八年の民主化デモ以来急増し、ヤンゴンのインセイン刑務所には収容しきれ

チャイタラン・パゴダから円形の刑務所とサルウィン河の河口を望む。

ず、地方の刑務所にまで政治囚を送ることになった。一時期、全国各地の刑務所に収容されている政治囚の数は二〇〇〇人を超えた。もしかしたらこのモーラミャインの刑務所にも政治囚が収容されているかも知れないと、市内を見下ろす丘の上から刑務所を撮影する外国人記者がいたのである。二〇一三年末、テインセイン大統領は公約通り、法律を犯していない、いわば良心の囚人である大多数の政治囚の解放を実行した。

高さ約八mの岸壁の端から、今にも落下しそうな黄金の巨岩がせり出している。それがチャイティーヨ・パゴダ（通称「ゴールデン・ロック」）である。ここはビルマを訪れる外国人だけでなく、新婚旅行の行き先として現地ビルマ人にも大人気で、ヤンゴンから観光バスも頻繁に出てい

チャイティーヨ・パゴダ（右）とベンニティラー・パゴダ

る。ヤンゴン地域・バゴー地域を経て、モン州北部に入ってすぐ、チャイトーという町がチャイティーヨ・パゴダへの起点となる。このチャイティーヨ・パゴダもまた、モンを起源とする仏塔である。現在、このチャイティーヨ・パゴダをひと目見ようと、内外から観光客が急増し、収拾がつかなくなっている。そのため、二〇一三年末頃から、押し寄せる観光客を減らすため、写真撮影を禁止する措置が検討され始めた。

モン州に建つ特異な形をするパゴダは、チャイティーヨ・パゴダだけではない。ベンニティラー（Banithe Lar Pagoda ／ Vanni Thi Lar）・パゴダと呼ばれるパゴダが、このモン州モッタマ（Mottama）郊外にある。

モッタマからタクシーやトゥクトゥクを使っ

ておよそ一時間、そのあと丘を歩いて登って約三〇分。ビルマのカレンダーなどにも使われる、ビルマ通には知られたベンニティラー・パゴダに到着する。こちらは外国人観光客の姿はほとんど見られず、現地の人だけが参拝している。パゴダの建つ境内はいたって静かである。丘の上からは、モン州の平野が一望でき、遠くにサルウィン河の河口も見える。

「泰緬鉄道」の終点タンビュザヤ

手狭なモーラミャインに飽きたら、中央市場付近から乗り合いバスで数時間、南に位置するタンビュザヤ（Thanbyuzayat）まで足を伸ばすこともできる。

タンビュザヤといえば、「泰緬鉄道」のビルマ側の終点である。正式には、「泰緬連接鉄道」という。欧米では、映画『戦場にかける橋』で有名になったことから「Death Railway（死の鉄道）」として知られている。

日本が米英蘭との戦争に踏み切った半年後の一九四二年六月、日本軍は連合国による中国への補給路（通称「援蒋ルート」）を断つため、そしてインドへの侵攻のための鉄道建設に着手した。

タイとビルマの間は険しいジャングル地帯で、鉄道の完成に五年は必要だと推定されていた。だが、その難しい工事を日本軍は一六カ月で完成させた。その無理な工事のために、投入された連合軍の捕虜は六万五〇〇〇人とされる。さらに、現地に暮らすビルマやタイ、遠くはマレーシ

タイ・カンチャナブリ県にあるヘルファイアー・パス・メモリアル

アや華僑を含むインドネシアからもおよそ三五万人の労務者が投入された。工事に関わった一八万人のビルマ人だけで四万人が死亡したとされることから、この鉄道建設のためになくなった現地の人の数は膨大になった。

その泰緬鉄道はその後、ビルマ側では全線、タイ側でも三分の二が廃止された。泰緬鉄道のかつての面影を見ようとすればタイ側のカンチャナブリ（Kanchanaburi）にアクセスするのが便利だ。ちなみにカンチャナブリにはカンチャナブリ戦争博物館（ＪＥＡＴＨ戦争博物館）という戦争博物館があり、こちらには日本の観光客も多く訪れる。

カンチャナブリには、その戦争博物館とは別に、当時の様子を記憶する施設としてヘルファイアー・パス・メモリアル（Hellfire Pass Memorial）がある。こちらはオーストラリアの財団によって運営・管理されており、泰緬鉄道建設で最も困難を極めた場所が当時のまま残されており、実際に線路や枕木の跡が残った現場を歩くことができる。こ

ヘルファイアー・パス・メモリアルの敷地内ではかつての泰緬鉄道の軌道跡を歩くことができる。

ちらの博物館を訪れる日本人はそれほど多くなく、訪問者の多くは欧米からである。

そして、民政移管の余波であろうか。この泰緬鉄道を復活させて、バンコクとヤンゴンを結ぶ中継地点にしようという計画話が起こっている。

タンビュザヤの今は、町の真ん中に時計塔が建つ平凡な田舎町。「泰緬鉄道」に従事した連合軍兵士の戦没者墓地や当時の機関車が展示されているという。朝早くにモーラミャインを出ると、余裕を持って日帰りできる距離にある。

11　シャン州

複雑なシャン民族の社会

ビルマ全土の約四分の一を占めるシャン州（Shan State）は広い。研究者によってはこのシャン州を、タイに近い南シャンと中国に接する北シャン、サルウィン河の東側と西側の四つの地域に分けることもある。

ビルマの王朝は歴史的に、領土を一つの王朝が支配する体制であった。一方、シャンの支配地域内では、三三の藩王（大名）が「サオパー（Sao Hpa）」と呼ばれる世襲直系の男子によって、その地域を支配する政治体制を敷いていた。さらに、シャン州の域内には、ラフー人・リス人・ワ人・パラウン人など数多くの異なる民族も、サオパー支配の下、ゆるやかに共存していた。

シャンとは「シャム（Siam）」という言葉から派生した呼び方で、あくまでも他称である。シャン人自身は自称で「タイ」と呼ぶ。この「タイ」には、「Thai」と「Tai」という二つの音を含んでいる。日本語で発音するのは難しい前者の「Thai」は、ビルマの隣国タイランドのタイである。後者の「Tai」は、ビルマ語では「シャン」と呼ばれる。シャン人は自らを「Tai」と呼ぶ。

シャン人の多くは、今も昔も、シャン世界のビルマ化を危惧している。言葉の問題はまさにその代表格である。例えば、シャン語で藩王を意味する「サオパー（ツァオパー）」はビルマ語で「ソーボア（Sawbwa）」といい、地名の「シポー」は「ティボー」、「パンウーロン」は「ピンウールィン」、「パンタラー」は「ピンダヤ（パンタラ／ピンダヤ）」とシャン語の呼び方が次第にビルマ語化されてきているからだ。

また、シャン州北東部に、ビルマ語で「ケントゥン（Kengtung）」と呼ばれる都市があるが、この場合、話は複雑になる。同じシャン人でも、サルウィン河の東側に暮らすシャン人はそこを、「チェントン（Kyaingtong）」あるいは「チェイントン」と呼び、サルウィン河の西側のシャン人は「ケントゥン」と呼ぶからである。チェントンの「チェン」は、タイ北部の都市チェンマイと同じ語源である。同じ場所を表す際、そこをチェイントンと呼ぶかケントゥンと呼ぶかで、その人の出自もわかるのである。同じビルマ語では、西のビルマ社会に近いシャン人の呼び方をとってケントゥンと呼ぶのである。

このようにシャン社会は、シャンと呼ばれる一つの民族の中でも、地域ごとに独自性を有している。それはまた、広大な領域を抱えた「一つの国」といっても過言ではなく、ビルマ社会とは異なった独自の政治制度や文化をもっていたため、容易にビルマ社会に組み込まれることを良しとしていない。

ビルマでは、その時々の王の出自がシャン人やモン人であったとしても、彼らが支配していたのは事実上ビルマ社会（領域）なので、たとえ王がビルマ人以外であったとしても、歴史上はビルマ王朝の盟主とされるのである。ちなみに、一九四八年に英国の植民地から独立した直後、初代大統領に就いたのはシャン人のサオ・シュエタイである（もっとも大統領は象徴で、実権は首相にあった）。

シャン州の州都は、英国の植民者が人工的に作り上げた都市タウンジー（Taungyi、ビルマ語でタウン＝山＋ジー＝大きい〈大きな山〉）である。英国は、この山の上の町に大砲を据えて、武力によってシャン勢力を支配下に置いた。

インレー湖のカヤン人たち

ビルマを訪れる外国人観光客に人気の観光地の一つに、タウンジーから南西に位置する風光明媚なインレー湖（Inle/Inlay Lake）がある。それは、ビルマらしい田舎の異国情緒を十二分に満喫できる観光地である。そのインレー湖畔に暮らすのは、櫂を足で漕ぐインダー（Intha）人たちだ。足で船を操りながら、自由になった手に三角錐形の網を手に持って器用に漁をする。

またインレー湖の湖上には、「ジャンピング・キャット僧院」と呼ばれる「ガーペー僧院（Nga Phe Kyaung）」が建つ。私が初めてインレー湖を訪れた一九九三年には、その僧院を訪れる人の

シャン州インレー湖で片足で櫂を漕ぎながら漁をするインダー人

数も少なかった。

インレー湖での最近の観光スポットは、首に真鍮の輪をはめた、いわゆる「首長族」と言われるカヤン（Kayan）人の集落訪問である。彼女たちは自らを「カヤン」と呼ぶ。一般的にビルマ語やシャン語で呼ばれる「パダウン（Padaung）」とは本来、蔑称でもある。

「首長族」のカヤンたちはもともと、カヤー（カレンニー）州（Kayah/Karenni State）に住んでいたが、その存在が大きく知られるようになったのは、彼女たちが難民としてタイ西北部メーホンソン県に逃れ、そこで観光の目当てとして脚光を浴びるようになってからである。しかし、タイでの扱いは「人間動物園」と批判されてきた経緯もある。

カレンニー難民を研究してきた文化人類学者は次のように説明する。

観光客の求めに応じて、記念撮影するカヤンの女性たち（シャン州インレー湖）

「しかし実際に生活する人々の視点から考えると人間動物園との批判は、必ずしも正義であるとは言えない。人間動物園との呼び方について最長で約二〇年間にわたって観光に従事する人の中には、観光を積極的に受け入れている人、生きる手段として受け入れている人、様々な自由と権利を奪う観光業に憤りを感じている人、誇りを持って自文化を継承、継続するカヤンを動物に例えられることを悲しむ人、リングをつけ続けたいけれど、タイの学校あるいは難民キャンプの学校に通うとなるとリングが『障害』となるので、つけ続けるか外すかで悩む人など様々である。動物園の動物のように餌を与えられて暮らしているのではなく、生きるために観光をしているのだから、動物園ではないと言い切る人もいる。観光をいかに引き受けているかは、個々人により異なる。人間動物園という言葉を使って批判するほとんどがカヤンではなく、部外者によるものである。そもそも動物と呼ばれて気分の良くなる人はいないだろう。カヤン自身の『私たちは動物のように扱われている』という発言は、諸刃の剣なのである」

しかし、どうしてカヤンの女性たちが真鍮の首輪（リング）をつけるようになったのだろうか。それには次のような諸説がある。「カヤというビルマの伝説上の瑞鳥《ずいちょう》をかたどったもの」「略奪結婚時代の遺風で、逃げ出さないようにしている」「他の民族に略奪されないようにわざと奇異にさせている」「真鍮や金の装飾がカヤン女性としてのアイデンティティを体現し、男性カヤンがその女性カヤンらしさに重きを置いている」。

今から半世紀以上前の一九六一年、カヤー州の州都ロイコー（Loikaw）を訪れたＮＨＫの取材班は、カヤンの首長の女性について「今や奇習も観光用として、有力な収入源になっていたのである」と書き残している（村野賢哉他著『東南アジアの自然をたずねて』日本放送出版協会）。いずれにしろ、この風習は、特異な風習として捉えられる説明と彼女たちの民族性を体現しているという二つの意味に分かれる。

ところで、本来ならカヤー（カレンニー）州にいるはずのカヤン人女性が、どうしてインレー湖にいるのだろうか。それは、軍政時代にカヤンの数家族が、観光客の物見遊山のためインレー湖畔に連れてこられたからである。

観光客は、彼女たちの暮らす水上の住居（コッテージ）を訪れ、カヤンの女性と一緒に写真を撮ったり、手織りの作業を見物したり、最後にはおみやげを買うことになる。だが、彼女たちの住居をよく見ると、素朴な生活をしていると思われる外壁や屋根には、衛星放送のパラボラアンテナが取り付けられている。彼女たちは結構、現代的な暮らしをしている。

シャン州経済の実権を握るパオー人

インレー湖上にはまた、観光客用の豪華なホテルやデラックスなコッテージが作られている。インダー人たちはその観光収入で、他の少数派民族と比べて経済的な恩恵があるのではないかと思ってしまう。ところが、現地で知り合ったインダー人に話を聞くと、複雑な実情があるらしい。

インレー湖を含めて、タウンジー周辺の経済は、実はパオー（Pa-O）人が握っている、という。よくよく観察してみると、インレー湖観光で湖内の島を訪れると、黒い服（女性）に頭に巻物をしたパオー人の姿をよく見かける。男性はロンジーではなく幅広のゆったりしたズボンを身につけている。彼らは頭に、一見するとバスタオルのようなターバンを巻いている。シャン人やインダー人の服装ではない。素朴な村民たちに見える彼らパオー人は、実は支配勢力でもあるのだ。

では、なぜインダー人やシャン人でもなく、パオー人が力を持っているのか。

一九八八年の民主化デモを鎮圧した軍政は、民族問題に対処するため、これまで抵抗運動を続けて

ビルマ・モン州とタイ・カンチャナブリ県の境に建つスリー・パゴダ・パス（三仏峠／三塔峠）

きた諸民族団体と個別に接触し、彼らの民族としての自治をある程度認めるかわりに、政府に帰順させる政策を採った。その政策に積極的に応じたのがパオー人の組織であった。そのため、彼らは州都タウンジーを含め、インレー湖一帯の経済的な利権を握ることに成功し、いまだにその勢力を維持し続けている。

ビルマでは、民主化闘争や多数派ビルマ人と少数派民族との対立について、これまでさまざまな報告がなされている。だが、少数派民族同士の関係についての研究はそれほど進んでいるとはいえない。例えば、カレン人とモン人との間では、タイに通じるモン州の「スリー・パゴダ・パス（三仏峠／三塔峠）」での関税利権を巡って武力衝突が起こったこともある。

といっても、パオー人も敬虔な仏教徒集団であり、民族の違いによって先入観を持つのは慎まなくてはいけない。

パオー人の聖地でもあるカックー遺跡

仏教徒であるパオー人の聖地ともいえるのが、タウンジーの南に位置するカックー（Kakku）遺跡である。約二五〇〇ものパゴダがぎっしりと並んで建っている。このパゴダ群遺跡が一般に公開されるようになったのは二〇〇〇年頃で、つい最近である。単体のパゴダを見慣れた目には、このようなパゴダ群もあるのかなと不思議な気持ちに包まれる。

ビルマ暦の新年（正月）は、太陽暦で四月中旬に当たる。その前の月の三月は、一年の最終月で「タバウン（Taaung）」と呼ぶ。その時期、カックー遺跡では年に一度、大勢のパオー人が集まって合同のシンピュー式（得度式）が催される。

二〇〇七年三月にカックー遺跡を訪問したとき、その集まりに参加している若いパオー人女性のターバンが目に止まった。ターバンに一本の簪《かんざし》が差されていた。それはビルマで初めて見た簪である。そ

パオー人の女性が頭に差していた簪

れは何？って尋ねてみると、「カトゥーチェ」と返ってきた（耳にした発音そのまま）。

パオーの伝説によると、その簪は、龍の卵を表しているという。合点のいく話である。というのも、パオー人たちは頭にターバンを巻いているが、もともと彼らの祖先は、男性は鳥、女性は龍を表しているのだという。女性のターバンは特に、龍の角を隠すためだとも言い伝えられているからだ。

さらに彼らは、ビルマ・ロンジー（巻きスカート）ではなく、男女とも黒（濃紺）の衣装を身につけている。それは、モン・クメール系が出自だとも考えられている。パオー人たちは信心深い仏教徒であり、自分たちの祖先はモン・ビルマ仏教の発祥の地ともいえるモン州タトンにあったとも言い伝えられている。その簪を付けた女性に、その値段を尋ねてみると、「フォー・ラック(four luck)」という。つまり、四〇万チャット、日本円にして四万円である。ヤンゴンの商売人の月収の二～三倍に相当する金額である。

そのカックー遺跡で、パオー人の要人警備のため、自動小銃を持ったパオー人兵士を何人も見かけた。ひとつの国の中に国軍以外の軍隊が武器を持って自由に動きまわっている。東部カレン

パオー人の祭りの日、シャン州の州都タウンジーの中心街を練り歩くパオーの人びと

州ならまだしも、シャン州の州都タウンジーが近いこの場所で、国軍とは別の兵士を見られたことに驚いた。ビルマ軍政とパオー人組織との親密さを表す証拠でもあった。

カックー遺跡を巡ると、盗掘に遭ったのか、いくつかの仏像の頭部が切られたりしている。その後の修復はセメントでされており、周囲の苔むした仏像とは明らかに不釣り合いだ。また、大木を囲んで数十本の竹が立てかけられており、精霊が宿った聖なる木が倒れないように支えている。

カックー遺跡での祭りの最終日、州都タウンジーに戻ると、パオー人たちが目抜き通りでパレードを行っていた。パオー人の旗を振り、数え切れないほどのパオー人たちが町中を練り歩く様子は圧巻であった。

12 カヤー（カレンニー）州

ミャンマー最小の州

カヤー（カレンニー）州（Kayah/Karenni State）は、北西をビルマ国土の四分の一を占めるシャン州に、南をカレン州に、東を隣国タイに囲まれた、ビルマ最小の州である。このカヤー州は、英国の分割統治、すなわち「管区ビルマ」や間接統治「辺境ビルマ」のどちらにも属さない特例で、英国から名目上の「独立」の地位が与えられていた。

西欧諸国が海を渡ってはるばるとアジアにやって来る際、問題となっていたのは食糧の調達であった。一九世紀初め、英国で金属製の容器に食品をいれる保存方法が生み出され、その後ブリキを使った缶詰が世界的に広がっていった。そのブリキの原材料となったのがスズである。

英国の対ビルマ政策は、いかに問題なく植民地行政を機能させるかが優先されていた。辺境地の抵抗運動を武力によって抑えつける統治方法は労あって益が少ない。カヤー州が英国から独立の地

カレンニー国家進歩党の軍記念日、レイモンド・トゥー書記長がスピーチをする。

位を得たのは、この地域がチーク材とスズという天然資源が豊富だったためで、英国がスズを問題なく手に入れるための政策を優先したとも考えられる。

カヤー州は、ビルマ全国をまわってきた私が最も訪問に苦労した地域であった。アジア太平洋戦争の終結後、日本の初めての戦後賠償はビルマだった。その賠償金によってこのカヤー州にバルーチャン水力発電所が造られることになった。この水力発電所は、当時のビルマ全土の電力需要を引き受け、この国の工業化の原動力となる重要な施設にもなった。いわば当時のビルマの「生命線」でもあった。問題は、カヤー州でも軍政に武装抵抗する勢力が存在していたことだ。それがカレンニー人のゲリラ組織「カレンニー国家進歩党〈KNPP〈Karenni National Progress Party〉〉」である。

そのバルーチャン水力発電所を守るために、軍政

ティリミンガラタウングェ・パゴダの前で記念撮影するビルマ国軍兵士たち

は過剰な地雷を敷設し、多数の民間人の犠牲者を出す事態になっていた。それゆえ、カヤー州に外国人が立ち入って何か問題を起こすことを、軍政は極度に怖れていたのである。

ビルマ軍政は一九五一年、この地域に暮らす諸民族を総称するカレンニーから、多数派カヤー人の名前を冠するカヤー州へと変更した。民政移管後、カヤー州への入域はずいぶんと緩められている。二〇一五年現在、観光のためのバスや飛行機の直接運行は確認されていないが、ツアー客や個人旅行者が現地の旅行代理店に依頼して、州都ロイコーを中心とした観光ツアーはいくつも企画されている。その旅行のハイライトはやはり仏塔参拝で、ビルマのカレンダーにもよく見られる、向かい合った山の頂に作られた仏塔群ティリミンガラタウングェ・パゴダ（Thiri Mingalar Taung-Kwe Pagoda）の見物であろう。

13 カチン州

「カチン人」がいないカチン州

これまでビルマの行政区は、「八地域（管区）」と「七州」としてきた。「地域（管区）」にはビルマ人が多く、「州」にはその地に多い少数派民族の名前を冠している、とも説明してきた。つまり、ラカイン州にはラカイン人、シャン州にはシャン人、カレン州にはカレン人、モン州にはモン人が多いという具合である。ただ、カチン州（Kachin State）は例外で、厳密にいうとカチン人なるものは存在しない。

カチンとはビルマ語による他称にすぎない。カチン州内には最大勢力のジンポー人がジンポー語で、自らを「ウンポン」と呼んでいる。カチン州内にはその他、リスー・ラワン・ヌン・マルーなど主に六つの言語集団の民族が暮らしている。ビルマでは従来、言語集団＝民族集団とみなされることが多い。

私は、ビルマ全土をまわった中で、現地の人に必ず問いかける質問がある。「あなたは何人ですか？」と。多くのジンポー人は「カチン（人）」と答える。そこで、ビルマ人や外国人は、すなわちカチンに住む人＝カチン人と思ってしまう。だが、カチン州に暮らすリスー人やラワン人にとって、自分たちはカチン州内に暮らす独自の民族であって、ジンポー人と一緒にカチン人として一括りにされたくないという思いがある。カチン人とは、ある特定の民族を指すのではなく、カチン州に住むこれら複数の民族を総称した呼び名だと捉える方がいい。話が複雑になるのは、ビルマでは、多数派が呼ぶ他称が、少数派の自称の呼び方よりも一般化していることだ。つまり、ビルマ人はカチン州に暮らす人びとをビルマ語でカチン人と呼び、ジンポー人はジンポー語で自らを「ウンポン」と自称しているが、「ロンウォー」と自称している人をマルー人と呼んだり、「アロンミ」と自称している人をヌン人と呼んでいるという構図がある。

地理的にビルマを大きく見ると、ビルマの北東部の平野部にはシャン人が、山岳地帯にはジンポー人が暮らしていた。このジンポー人社会はビルマ人社会と異なって氏族社会で苗字（氏）が存在する。そこにはビルマとは異なった家族観が存在している。このジンポー人たちは中国雲南省やインドにも広がっており、中国語では「景頗族（ジンポー・ツー）」とも表記される。また、カチン人の間に一八三〇年代後半からキリスト教が広まっていく。

一九四八年にビルマが英国植民地から独立し、わずか一〇年あまりで民主体制から軍政へ移行すると、カチンに暮らす人びとは軍政に抵抗するようになった。「汎ビルマ主義」を推し進めようとする軍政に対する武装抵抗闘争が始まったのだ。

その闘争には、主にジンポー人のカチン独立機構（ＫＩＯ：Kachin Independence Organization）の軍事部門であるカチン独立軍（ＫＩＡ：Kachin Independence Army）が担っていた。いったん戦争状態になると、これはどこの社会でも見られると思うが、軍事が全てに優先する傾向が生まれる。そのため、ジンポー人もカチン州内のラワン人たちに対し、ビルマ国軍への抵抗闘争への協力を強制することになった。それは、ラワン人たちの民族性を尊重するのではなく、まさにビルマ軍政と同じような抑圧的な政策となった。

そのため、ラワン人たちは、遠くの敵であるビルマ国軍に対してよりも、近くの多数派ジンポー人の押しつけに反発するようになった。その後、ＫＩＡはラワン人に対する抑圧的な政策の誤りを認めたが、いったん不仲となった民族同士の反目は容易には解消されないままである。

旧日本軍との深い関わり

カチン州の州都はミッチーナ（Myitkyina）である。その昔、日本軍が侵攻して「ミイトキーナ攻防」として名を馳せた激戦地である。市内の中央部には、かつてここに日本軍が来たという一つの歴史が、例えば、時計塔の台座に日本語のプレートが残っているから、すぐにわかる。ミッチーナ市

日本人戦没者の慰霊のために建立された「寝釈迦」（カチン州ミッチーナ）

内の、イラワジ河の畔に建つ「スータウンピー・パゴダ（Su Taung Pyi Pagoda）」の向かいには、戦後、日本人によって日本人戦没者の慰霊のための「寝釈迦」が建立されている。今は、キリスト教徒が多く暮らす土地ではあるが、現地のカチンの人も手を合わせて参拝している。

ビルマに侵攻した日本軍を題材に「創作」されたのが、竹山道雄の『ビルマの竪琴』である。また「白骨街道」で有名な「インパール作戦（ウ号作戦）」はビルマからインドに抜ける山岳道が戦場だった。

一九四一年一二月のハワイ真珠湾とマレー半島への奇襲攻撃から半年たらずの四二年五月、日本軍はビルマを占領した。重慶の蒋介石国民政府を支援する連合国の「援蒋ルート（ビルマルート）」を遮断するためである。このビルマルートは、ラングーン（現ヤンゴン）から北上して中部マンダレー、ラシオ（ラショー）を通り、中国国境を越えて雲南省に入り、昆明に至る

カチン州の奥深い山の中、山裾に張りつくように村が点在する。

ルートであった。そして、連合国と日本軍が銃火を交えた舞台の一つが、このカチン州ミッチーナ西方に位置するフーコン渓谷である。

日本軍は一九四三年三月、ヤンゴン（当時のラングーン）に「ビルマ方面軍」を新設して、それを別名「森」に、それまでの第一五軍を「林」と命名した。つまりビルマを表現するためにジャングルを表す「森林」とした。小説『ビルマの竪琴』やビルマ戦記物を読むと、当時の日本軍によるビルマの支配の実態が見てとれる。

一方、ビルマルートを遮断された連合国軍は、インド東部のレドを起点とし、ビルマ北部を横断して中国雲南省に入る新しい援蒋ルート「レド公路」の建設に乗り出した。インド侵攻を目指したインパール作戦に失敗した日本軍は、レド公路建設を阻止するため、ビルマ北部・南方中国まで広範囲にわたって軍事展開することになった。その結果、ビルマ方面軍は十分な兵站能力のないまま、これまでの三倍もの広さを、同じ兵力規模で支配せざるを得ない状況に陥った。フーコン渓谷は、インドと中国を結ぶレド公路の戦略上の重要な地点であった。そこで多くの日本兵が命を落とした。

ビルマ人も近よらぬフーコンの奥／悪性の赤痢とマラリヤと脚気／おまけに皆栄養失調だ／営々として籾をついて米にしても／それを炊いてやる釜さへない／このガソリン缶に二度炊けば／もう夜が明けて／敵機の爆音がする　（宮部一三『ビルマ最前線〈1〉』叢文社）

このような最前線で苦しんだ兵士の苦労は、ビルマの他の前線でも数多く残されている。では、当時の一般の日本軍兵士は、現地の人びとにどのように接していたのであろうか。日本軍兵士の行いと眼差しを、イン

第三中隊は、やむなく山
た。しかし、背に腹はか
略）量にも限りがあった。
「野獣のような原住民ど

書名
観光コースでないミャンマー（ビルマ）
宇田有三＝著
発行所
高文研
東京都千代田区猿楽町二—一—八
TEL（03）3295=3415
FAX（03）3295=3417
ISBN978-4-87498-566-3　C0036 ¥1800E
定価：1,800円＋税

上がさめていった。考えてみれば、山岳人に罪はない。日本軍が米を略奪するから英印軍につくのだ。かれらには、文明社会のように、得をするために悪いやつにもつくという、みにくい打算や策謀も背信もない。自然のままに行動しているのである。

大工の兵隊が、ありあわせの木材を使って足踏み式の精米道具をつくりあげた。（中略）未開人の文化が一つ進歩することになれば、米略奪のせめてもの罪ほろぼしになるだろうか。

（黒岩正幸『インパール兵隊戦記』光人社）

カチン州の州都ミッチーナ市内に建つ「マノウ柱」

かつての日本軍はビルマの村々を戦場にしただけでなく、略奪も行った。そのような歴史は、この戦記以外でも指摘されている。日本軍兵士の現地の人に対する意識は、「山岳人」「未開人」であった。実は、残念ながらそのような見方は今なお抜け切れていないと思える。

マノウ祭り

州都ミッチーナで毎年一月、ジンポー人を中心に「カチン人」の伝統ともいえる「マノウ（マナオ）」と呼ばれる大きな祭典が開かれる。

一八三七年にキリスト教という一神教が導入されるまで、あるい

マノウ祭りで踊るカチンの人びと

は一八六二年頃に英国の植民地化の影響が及ぶまで、これらカチン人の、いわゆる「山の民」たちの暮らしは自然の移ろいによって支配されており、精霊信仰が一般的であった。この「マノウ（マナオ）」と呼ばれる精霊信仰の祭りは、戦闘での勝利を祝ったり、家族の安寧や葬式、収穫の豊作を祈ったりと、生活全般が対象となっている。

ミッチーナ市内には、祭りを執り行うために、専用の円形の大広場がある。その中心には「マノウ柱」が天に向かって建っている。「尽きない河の流れ」を描いた渦巻き文様の柱と「財文様」を描いた幾何文様の柱が組み合わされている柱である。

昼夜の区別なく数日かけて続く祭りのピークは、鳥の姿で着飾った先導案内役の二人の男性が山刀を握りしめ、マノウの柱を中心に円形の広場を二手に分かれて練り歩く行進だ。二人の後には、人びとが

マノウ祭りに参加するため、中国から訪れた景頗族（ジンポー人）の女性たち

行列となって付き従い、同じように円形に練り歩く。二手に分かれた踊りの集団は、まるで天と地が重なるように、やがて一つにまとまって踊る。その姿は華やかでかつ勇壮である。

このマノウ祭りでの踊りがいっそう華やかになるのは、ジンポー人だけでなく、ラワン、リスー、シャンなどカチン州に暮らす他の民族の人が、それぞれの伝統的な民族衣装を身につけて大勢参加していることだ。さらに参加者をよくよく観察してみると、はるばる中国から四輪駆動車で駆けつけた「景頗族（ジンポー・ツー）」の人たちもいる。こういうとき、中国とビルマの国境線とは一体何なのだ？と改めて考えさせられる。

このマノウの祭りには、実は生け贄が欠かせない。外国人の目が入らない田舎でのマノウ祭りでは、水牛が山刀でざっくりと斬られ屠《ほふ》られる。だが、ミッ

マノウ祭りで開かれる「女性コンテスト」

チーナの町中でおおっぴらに水牛を殺すのは「残虐」だということで、その生け贄の様子は表向きには見られない。

しかし、ミッチーナの広場では時々、解体された直後の牛の太腿が運ばれていくのを目にする。会場のどこかで屠られ、解体された水牛である。今後、外国からの観光客が増えてくると、そういう「残酷」とされる場面は見られなくなっていくのだろうか。

夜通し続けられるマノウ祭りでは最近、西洋風のコンテストを模した「美女美男コンテスト」が催される。男たちは筋肉で盛り上がった肉体を誇示し、女たちは艶やかさを競う。そんな姿に地元の観客は歓声を上げる。

14　チン州

潜入取材

チン州（Chin State）は、西の国境沿いにインドとバングラデシュを、南をラカイン州に接している。東のカヤー（カレンニー）州と同様、軍政時代にはビルマで最も立ち入りが制限されていた地域である。私自身、二〇〇三年当時、個人旅行者としてチン州に入る許可を得ることができなかった。それでも、どうしてもチン人の暮らしを見てみたいという願いを抑えることができなかった。そこで知り合いのビルマ人と共に二人で、マグウェー地域からチン州に、現地の人が乗るトラックの荷台に同乗し、いわば潜入という形で入ったことがある。

午後遅くマグウェー地域を出発したトラックはチン丘陵を走ること数時間、明かりのない暗い村にたどり着いた。もちろん村には外国人を受け入れる宿泊施設などなかった。村の役人・警察・軍の関係者は、許可を持たない外国人を追い返そうにも、直近で帰りのトラックが出るのは

チン丘陵に建つ教会

二日後のため、その交通手段がなかった。そのため、当局から、村長の家に合法的に滞在できる許可を得ることができた。ただし、私の滞在には、村の外に出ないこと、僧院を訪れてはいいが教会に立ち入ってならない、という二つの条件が付けられた。

チン州はもともと、精霊信仰が土着の宗教で、その後入ってきたキリスト教が広がり、人びとの支配的な信仰となっていた。上座仏教を事実上の国教として全国に広げようとしていた軍政としては、外国人、特にキリスト教を広める宣教師のチン州への立ち入りを警戒していた。また、軍政に対して武装抵抗を続けるチン人の組織は、教会に集うキリスト教徒が主導していると噂されていたこともある。

ラカイン州に接する南部を除き、チン州におけるチンの人たちは、一般的に丘陵地帯に居を構えている。彼らは歴史的に隣国の中国やインドから、植民地期には英国から、独立後は国内のビルマ人やシャン人から支配を受け、生活の楽な平野部からより環境の厳しい山地に移り住まざるを得なかった事情がある。

丘陵地帯は、農業をするには適さない土地が広がる。そのため、村人の生活は過酷ともいえる。二〇一〇年代に入っても、チン州では飢餓が広がったという報告もされている。それゆえ、それぞれのチン人の集団は生き残るために、村同士の争いが絶えなかった。隣村との諍いが続くため、相手側の動きをいち早く察知するために山の上に村を作る必要もあった。争いがあるから、山の上に暮らす。山の上に暮らすから生活環境が厳しくなり、近隣の村と争うようになる。悪循環である。

またチン人はビルマ人と異なって父系の氏族社会であり、その集団は地理的な制約もあり、お互いが交流することはあまりなく、言語や生活文化も多岐にわたっている。一九八三年の国勢調査の結果では、一三五あるとされるビルマの民族のサブグループのうち、チン人だけで五三のサブグループを占める。

そんなチン人の村に二泊した私であるが、同行していた知人のビルマ人は、私よりも活動的に村の家々をまわっていた。

――いったいどうして？　何をしているのだ。

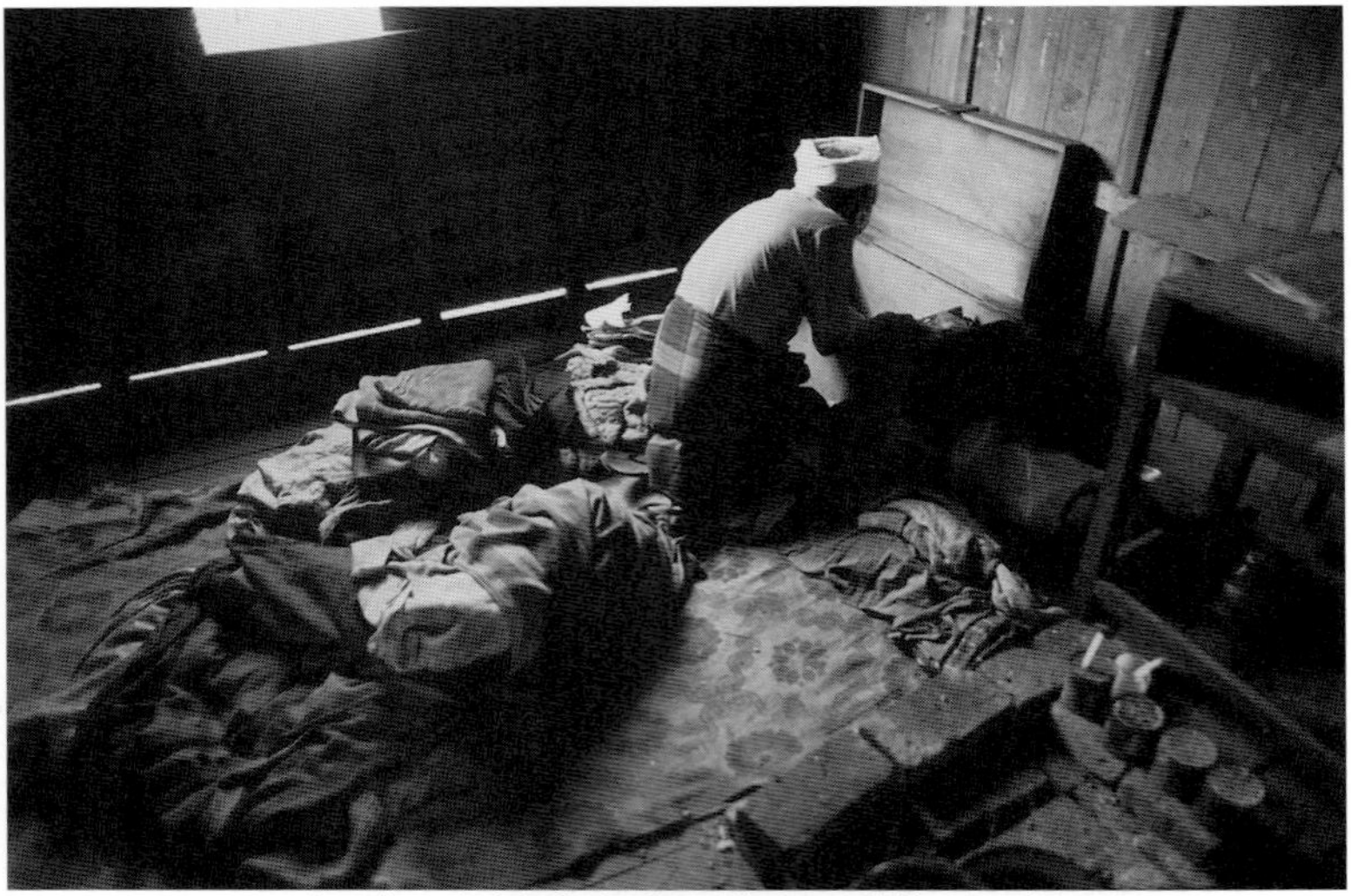

チン人の使い古された布。ヤンゴンでは高値で取引される。

木を加工して猟銃を作るチン人の男性

「知らないのか。チンの布はとても貴重で、ヤンゴンに持って帰ったら、たとえボロ布でも、『チンの布』ということで高く売れるんだ。だから、家をまわって、使い古しの布を分けてもらっている。キミも記念にチンのロンジーを買って帰ったほうがいい」

チン人は伝統的に、男性は狩猟ができて、女性は機織りができて一人前、といわれている。しかし、こんなチン州への旅行は、実は外国人には人気があった。その一つが、ビルマで三番目に高いビクトリア山（標高三〇五三メートル）へのトレッキング・ツアーがあるからだ。それは、軍政時代から認められていた外貨獲得のための政策の一つでもあった。

二〇一二年の半ば頃まで、ビルマに入国するために外国人は、軍政に観光ビザや商業ビザなどを申請する必要があった。例えば、観光客はビザを取得するということで、当時の軍事政権の正当性を認めることになっていた。さらにビザ取得のお金が自動的に軍政の経済政策に寄与することになっていた。それに加えて、チン州に入るためには、軍部と特別の繋がりのある旅行代理店を通してのみ特別許可を得ることになっていたのである。

観光資源にされるチン人女性の刺青

二〇一三年、チン州への立ち入りが緩和され、ビクトリア山へのトレッキングだけではなく、国立公園やチン人の暮らす村を訪れるさまざまな観光ツアーが、続々と「開発」され始めた。

顔に刺青の入ったチン女性たちが暮らす村を巡るツアーも、ますます拡大している。外国人だけではなく、ヤンゴンに暮らすビルマ人たちさえも珍しがっている、刺青を入れた女性たちを見物（交流）するツアーの是非は、実は、問われてもよいかも知れない。

カヤンの女性の「首長の風習」（二六二ページ参照）に見られるように、チン民族の伝統は、「辺境」に住むチン民族の女性たちに不条理とも思える厳しい伝統文化を押しつけてきた。カチン州の北部、中国国境付近にはかつて、中国人女性に見られる纏足《てんそく》の風習もあったが、今はほとんど見られない。チン州の女性に押しつけられていたチンの伝統はもともと、インドやビルマの豪族や有力者に自分の娘をさらわれるのを嫌った両親が、自分の娘を奇異に見せるために始めた風習だと伝えられている。

それぞれの国や地域で残されている特殊な風習を、私のような外部の者があれこれ判断するのは慎むべきであろう。ただ、軍政時代のビルマは、自国民はもとより、外国人の自由な移動を国内では厳しく制限していた。さらに、西欧諸国から経済制裁を受けていたビルマ政府は当時、外貨獲得のために観光産業の振興に力を入れ始めていた。そういう状況の下、軍政はこのようなチン女性の風習を観光資源として利用するという政策に、間接的に関わっていた。

チン人女性の、自らの意志に反して入れられた刺青の入った顔を、「見せ物」として利用されているという現実があった。外国からの観光客は、現地の人の生活状況を考えず、物見遊山で自

顔いっぱいに刺青が入ったチン人の女性

分の好奇心だけを満たす旅行を追い求めてきた。

私がこっそりとチン州に入った二〇〇三年、女性の顔への刺青は、ビルマ政府とチン人指導者たちによって禁止され、刺青が入っているのは四〇歳以上の女性たちという話であった。だが、私が出会った顔に刺青の入った最年少の女性は二〇歳であった。

その後、二〇一〇年頃まで何度もチン州に入ろうと試みたが、失敗した。前回の潜入ルートは、越境を取り締まる地元当局に監視されており、特別許可証を持たない私は、以前訪れた村に入ることはできなかった。

そして民政移管後、軍政時代に最後の最後まで厳しい移動制限があったチン州やカヤー州への入域は現在、事実上解禁され、観光資源が豊富な両地域への観光客が急増している。実際、外国人観光客が支払うお金が地元の人へ還元されるのなら申し分ない。だが、実態は異なるようだ。

軍事独裁政権下のビルマのように閉ざされた国に外から人が入るということについては、私も消極的ながら賛成していた。ただ、外部の人がビルマという国の中で、何をどのようにして見るかという「節度」を忘れることはなかった。

これまでチン州への観光は制限されていたが、最近、インド国境近くにある「ハート形」をした珍しい湖を見物する旅行ツアーも登場してきた。

15　首都ネピドー

独裁者が作った「首都」

ヤンゴンとマンダレーを結ぶ片道二車線のハイウェーから首都ネピドー（Nay Pyi Taw）に入る手前には、他の行政地域の境界では見られない大きな門が建っている。もちろん飛行機や隣のピンマナ市から入る場合はその門の存在には気づかない。

二〇〇六年に正式に新首都として機能し始めた人口都市ネピドーを簡単に表現するなら、「広い」というひと言につきる。その広さは、大通りに人影がほとんど見られないことでさらに強調されている。

そもそも、軍政末期のビルマは、どうして新しい首都を建設する必要があったのか——独裁者タンシュエ議長（上級大将）が、米国からの侵攻を恐れて海岸線に近いヤンゴンから内陸部に都市機能を移した、軍政を延命させるための占星術のお告げに従ったなど諸説ある。私は、タン

ヤンゴンとマンダレーを結ぶ片道２車線のハイウェーから首都ネピドーに入る手前に設けられた門

国会議事堂前の片道 10 車線の巨大道路

シュエ議長が王都建設という植民地期以前の王朝の伝統にのっとり、自らの施政の集大成を完成させたと想像している。それは、タンシュエ議長が、ヤンゴンのシュエダゴン・パゴダよりも数メートルだけ低い、これまた巨大なウッパタサンティ・パゴダ（Uppatasanti Pagoda）を建立したのがなによりの証拠である。

ビルマ国内の一般道路は、対向車をギリギリやり過ごせる二車線にも満たない国道が多い。そんな手狭な道路を走り続け、ネピドーに入る門を通り抜けると、それこそ片道四車線の広い道路に圧倒される。ホテルゾーンやショッピングゾーン、各省庁のある官庁ゾーンは車で移動するしか手段がないほど離れており、車線の数も片側四車線以上のところもある。歩いている人の姿はほとんどな

タンシュエ議長が建立したウッパタサンティ・パゴダ

く、街路樹や中央分離帯の手入れをしている人たちがまばらに見受けられるだけである。ときに、近郊の村か町から草を食みにやってきた牛の群れがのっそのっそと道路をゆっくり歩いている様は、人口都市に不釣り合いな風景でもある。

ウッパタサンティ・パゴダ前の道路は中央分離帯を挟んで一六車線の、ただただ広い道路である。さらに国会議事堂の前に行くと、さらに広い二〇車線の道路が姿を現す。車線の多さでは、世界でも最も広い道路ではないだろうか。

ビジネスに関わる外国からの訪問客は、宿泊ホテルと許認可権を持つ省庁の間を往復することが多い。また、外国の政府高官たちは、ビルマ政府主催の式典に参列するためこの人口都市を訪れる。

消されたアウンサン将軍の偉功

二〇一五年二月一三日、独立の英雄アウンサン将軍の生誕一〇〇周年を祝う式典が、生まれ故郷のマグウェー地域ナッマウを中心に全国規模で行われた。この期間、私が訪れた、ヤンゴン地域・バゴー地域・マグウェー地域・シャン州・カヤー州などの広場や幹線道路には、アウンサン将軍の肖像写真やポスターがあちこちに貼られていた。テインセイン大統領に次ぐナンバー2のシュエマン議長も、アウンサン将軍の功績を称えていた。

ネピドーの連邦庁舎に国旗がはためく

アウンサン将軍の生誕一〇〇年を祝ったまさにその日の午後、ネピドー市内を数時間、車で走りまわってみた。だが、どこにもアウンサン将軍を思い起こすポスターも立て看板も目にすることはなかった。アウンサンスーチー氏の父親であるアウンサン将軍を意図的に排除しているようにも思えた。

政治囚として一一年間、刑務所暮らしを余儀なくされた七〇歳の現役民主化活動家の一人は、「元の軍政幹部たちが多くを占める今の政府は、アウンサン将軍を尊敬していると言っているが、それは口だけ。だからこそ我々は、人びとのことを思いやっていたアウンサン将軍の意図を一〇〇年と言わず、二〇〇年、三〇〇年、いや四〇〇年も忘れるわけにはいかないんだ」と語る。

タンシュエ議長は軍政時代、自らがだれよりも高位にある将軍と公言するために、これまで軍部で存在していなかった最高位の大将（Genral）の上位に上級大将（Senior General）という階級を作り、就任した。それはアウンサン将軍の大将を上まわるものでもあった。

しかし、人口都市といってもそこを実際に維持する人びとの労力は必要とされる。ネピドー市内をぐるりと巡ると、数キロ離れたピンマナ市に通じる道路沿いに、政府高官ではない人びとの営みが目に入ってくる。そこには、巨大なホテルや省庁の建築物や高級スーパーは見られず、ビルマの庶民的な市場や映画館が立ち並んでいた。

しかし、このような人びとの生活とかけ離れたところに造られた省庁や国会議事堂で、国会議員や官僚はいったい何を討議しようとしているのか。民政移管後の新政府は、人びとの意志からかけ離れることで存在感を増しているように思えてしかたない。

第Ⅲ部

ビルマの歴史・民族・宗教

ミャウーの寺院の中で仏像に手を合わせるラカイン人の女の子

民政移管の翌年、二〇一二年六月にラカイン州で発生した仏教徒とイスラーム教徒の衝突は、国内外で大きく報道された。これはラカイン人とムスリム人であるロヒンジャの宗教対立・民族対立とも伝えられた。その後、国内で散発的に、仏教徒とイスラーム教徒の衝突が続いている。これは、軍政という重しがなくなった今、それまで抑えられていた宗教や民族の違いによる対立の炎が再燃した結果だろうか。

ビルマにおいて「民族」という概念自体、英国の植民地体制が生み出したものである。新生ビルマの問題を考えるとき、いわゆる「民族問題」から目をそらすことはできない。そこで、まず、植民地体制以前のビルマ（王朝時代）が、どのような社会構造であったかを知る必要がある。この第Ⅲ部では、複雑に絡み合ったビルマの歴史・民族・宗教を振り返ることで、より深くビルマという国や社会の成り立ちを考えてみたい。最後に、それらの問題が軍政下でさらに凝縮されたといってもよい「ロヒンジャ問題」を考えてみたい。

1　歴　史

まず初めに、ここで「ビルマの歴史」という場合、主に「ビルマ族」を中心にした歴史となることを断っておかねばならない。また、説明の便宜上、「人の集団」を「民族」、「支配領域」を「国」として記述する。また、英国植民地以前の歴史について紙幅をさいているが、それは現在のビルマが抱える民族問題や宗教問題を考える際に必要な要素だからである。

ビルマの歴代王朝と時代区分をおおざっぱにまとめると次のようになる。

(1)　英国植民地前のビルマ
①　ビルマ王朝前
②　ビルマ族のパガン王朝（第一次ビルマ王朝）
③　シャン族のインワ王朝
④　シャン族（モン族）のペグー王朝
⑤　ビルマ族のタウングー王朝（第二次ビルマ王朝）
⑥　ビルマ族のコンバウン王朝（第三次ビルマ王朝）
(2)　英国植民地時代
(3)　日本統治時代
(4)　独立から軍政まで

(5) 軍政初期・ネウィン時代
(6) 軍政後期・タンシュエ時代
(7) 民政移管後

(1) 英国植民地前のビルマ

①ビルマ王朝前

現在のビルマと呼ばれる領域内には、歴史的に多くの「民族」が入り乱れて移り住んできた。解説書の多くは、ビルマ領域に最も早く「国家」を形成したのは「ピュー（驃）族」（一～九世紀）としている。それは、漢文資料やパガンで発見されたピュー遺跡（カバー裏写真参照）から遡ることができる。陸路で中国とつながりがあったピュー族の支配は、ビルマを南北を貫くイラワジ河流域、現在のビルマ中央部に位置するザガイン地域・マグウェー地域・マンダレー地域に広がっていたと推測されている。

しかし同時に、中東からインドへ、さらにインドから中国へ結ぶ海路を発展させたモンスーン航法の知識が一般的になる一～二世紀頃、ビルマの南部の「擇国《たん》」が当時の中国・後漢に使者を派遣したという記録もある。この頃、インドと南ビルマの間では交流が頻繁にあったことから、この「擇国」もビルマの出発点と考えられなくもない。擇国は現在のモン州のタトン周辺に当たる。

ビルマ仏教を象徴するようなザガイン地域モンユワ郊外の寝釈迦・立ち釈迦（2015年完成）やパゴダ群

さらにビルマの歴史を考える場合、「民族」の興亡の歴史と共に、現在事実上の国教といってもよい「上座仏教」の存在も常に念頭に置いた方がいいだろう。

ビルマの上座仏教はおおざっぱに、モン仏教、ビルマ仏教、ラカイン仏教と大きく三つの流れがある。ビルマ文字やビルマ仏教はもともと、モン仏教から取り入れられてきた。ラカイン仏教は、ビルマ中央部から自然の盾となる険しいアラカン山脈を隔てたビルマ西部で発展してきた。

中国の史書『蛮書』によると、中国・雲南の「南詔」が九世紀半ば、「ピュー国（驃国）」を侵略したと記録している。ピュー族の弱体化によって、その頃からビルマ族が東北チベット方面から、現在のマンダレー地域に南下してきた。

マンダレー地域は本来、雨の少ない乾燥地帯であるが、インドや東南アジア諸国と交流のあった海洋国家モン族から灌漑技術を導入し、稲作が普及した。やがてイラワジ河流域を中心に灌漑用水を発展させ、九世紀の中ごろにはビルマ族がパガンの地に国家を築く。

「ビルマの歴史はパガンから」という通説があるが、実際、この頃、南ビルマでは、モン族のタトンやペグー（現バゴー。ハンタワディー↓ペグー↓バゴーと名称が変遷）も勢力を誇って王朝を築いていた。モン族の繁栄はアラビア語資料に残っていることから、中東―インド―東南アジアの交易ルート上に、モン族の支配があったことがわかる。

ビルマの歴史はこの頃、ビルマ族のパガンとモン族のタトンやバゴーを中心に王朝がしのぎを削っていた。

②ビルマ族のパガン王朝（第一次ビルマ王朝）

一〇世紀半ば、パガン朝アノヤター王が初の統一王朝を築き、モン族のタトンを侵略する。このとき、モン人の捕虜と共に、大乗仏教とヒンズー教の影響を受けていたモン人の上座仏教をパガンに導入する。それまでパガンにおける信仰は、上座仏教ではなくアリー派という密教的な宗教が優勢であった。これ以降、上座仏教の発展は、主にビルマ族によって担われて、王家中心の仏教から民衆仏教へと変容する。

このとき、中東やインドから中国への交易ルートが、モン族中心のサルウィン河とシッタン河からビルマ族中心のイラワジ（エーヤワディ）河へと移った。

現在のヤンゴンの中心部スーレー・パゴダを東西に走る大通りは、このときのアノヤター王の名にちなんでアノヤター通りと命名されている。

③シャン族のインワ王朝

一三世紀後半に入ると、モンゴルの元の侵略によってビルマ族のパガン朝は壊滅する。その頃、ビルマ族の弱体化に伴ってシャン族が勢力を広げる。ただ、彼らはシャン民族といっても上座仏教を信奉する人びとであったので、事実上ビルマ文化を保護し続けた。

④シャン族（モン族）のペグー王朝

シャン民族はまた同じ頃、モン族中心のペグー王朝を今のバゴーに興す。ここで頭の隅に置いておきたいのは、後に英国植民者によって生み出されるビルマ、モン、シャンという民族に「違い」はあっても、当時は、ビルマ、シャン、モンは上座仏教の「共通点」で繋がっていた。

⑤ビルマ族のタウングー王朝（第二次ビルマ王朝）

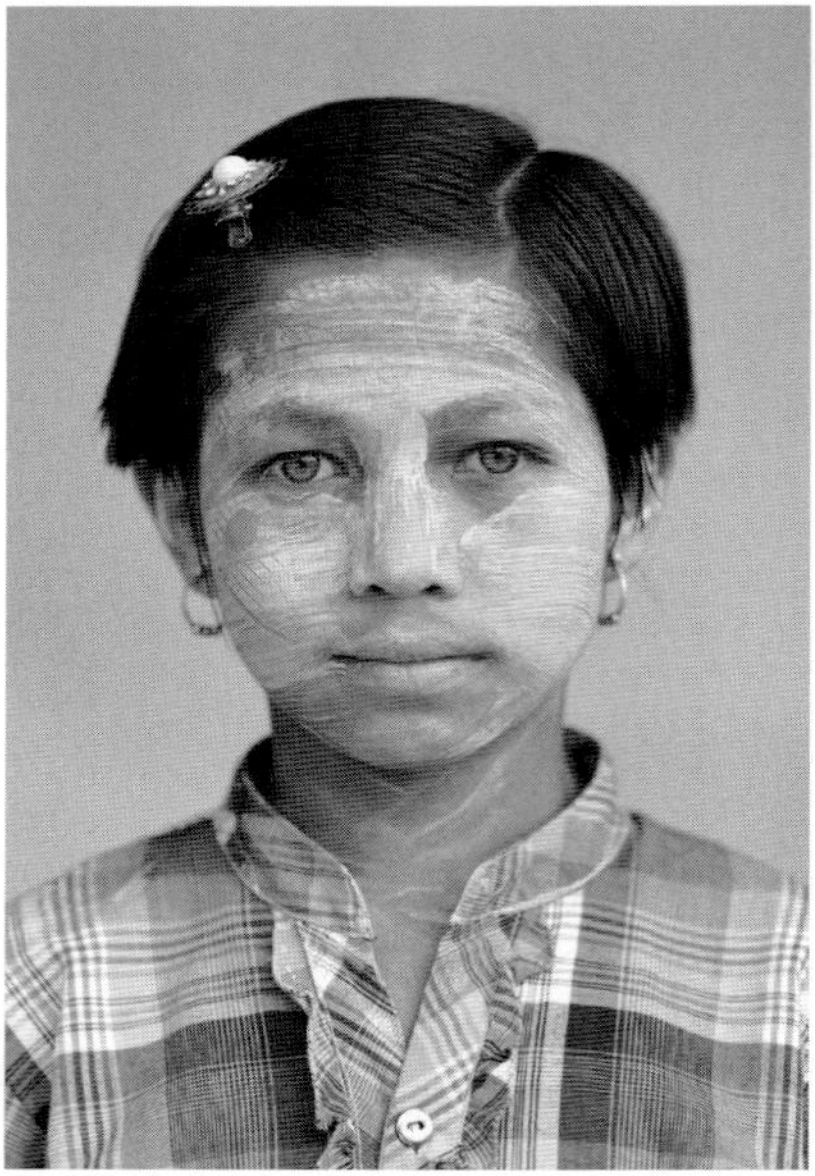

ビルマにはポルトガル系の子孫バインジー人が暮らしている。

一五世紀に入ると、シャン族によって追われたビルマ族は、バゴー山脈に隔てられたパガンの南東タウングーを拠点に勢力を回復させる。その後、海洋国家として貿易で富を蓄えていたモン族のバゴーを支配する。

この頃、現在のマレーシアのマラッカ海峡を占領（一五一一年）していたポルトガルは、南ビルマのモン族と交流していた。銃を持つポルトガル人たちは、ビルマ族がモン族を支配下に置いた後、ビルマ族側に傭兵として加わり（同じポルトガル勢力は、日本の種子島に銃をもたらす）、王都インワのあるビルマ中部へ移り住んだ（インワの北方の町シュエボー周辺にはポルトガル人の混血であるバインジーと呼ばれる青い目をしたビルマ人が今も暮らす）。

同じ頃、アラカン山脈を隔てたラカイン地方にもポルトガル人の傭兵たちが活躍しており、ラカイン王国からビルマ族とモン族の支配地域へ勢力を伸ばしていた。

一六世紀以降、銃器を手にしたビルマ族は、現在のタイやラオスにまで支配地域を広げるが、モン族の反乱などにより、第二次ビルマ王朝のタウングー王朝は滅ぶ。

一七世紀に入ると、ポルトガルやイタリアに続いて、オランダ、英国、フランスがビルマにやって来た。オランダがインドネシア一帯を支配する一方、フランスがモン族、英国がビルマ族側についた。フランスと英国はビルマ支配を巡って対立するようになった。このとき英国は、ビルマ王に敬意を払う態度を示さなかったため、両者の関係は悪化する。

⑥ビルマ人のコンバウン王朝（第三次ビルマ王朝）

一八世紀半ば、ビルマ族はシャン族やチン族を伴い、仇敵モン族の町ダゴンを占領、中部ビルマにコンバウン朝を興す。ビルマ族は、占領した町ダゴンを、ビルマ語で「ヤンゴン（戦いの終結の町）」と名付ける（後に英語でラングーンと呼ばれる）。これ以降、モンの王朝はビルマの歴史から姿を消す。

現在のバゴーはその頃ペグーと呼ばれており、西欧人はそこに暮らすモン族を含めた人びとを「ペグー人」と呼んでいた。この時期、まだ現在でいうところのビルマ族やモン族といった民族概念はまだ一般的ではなかった。

コンバウン朝のビルマ族は、西南ビルマ地域も完全に支配下に置き、さらにタイに侵攻して四〇〇年の歴史を持つアユタヤを制覇する。このときの記憶が現在のタイ人に残っており、ビルマ人に対する恐怖と恨みはいまだに晴れていない。

このときのビルマ族は、西はインドのマニプールやアッサム地方を征服し、中国（清）からの四度にわたる攻撃も撃退した。さらに、これまでアラカン山脈という自然の防衛線によって守られていたラカイン王国は、このコンバウン朝のビルマによって一七八四年に征服され、三五〇年続いたラカイン王国も滅ぶことになる。

一八世紀末に至って、ビルマ族の支配勢力は最大となり、一〇世紀初めから続いてきたビルマ族、モン族、シャン族、ラカイン族などが関わる王朝の興亡の歴史はいったん幕を下ろす。同時に、モン族の仏教やラカイン族の仏教も、ビルマ族の上座仏教に吸収される形で、ビルマ王の庇護の下でビルマ仏教として発展していく。

(2) 英国植民地時代

コンバウン朝のビルマ族によるタイやラカインへの遠征は、その後、ビルマ王朝の衰退へ結びつくことになる。西方ラカイン地域からインド・ベンガル地方（現在のバングラデシュ）へ触手を伸ばしたことは、英国の利害と衝突することになった。そこで起こったのが第一次英緬戦争（一八二四〜二六年）である。英国の持つ圧倒的な武力を前に敗れたビルマ側は、ラカイン地域や南ビルマ（現在のタニンダイー地域）を失う。

第二次英緬戦争（一八五二年）は、英国籍商船とのトラブルから発生し、ヤンゴン、デルタ地帯の中心バセイン（現パテェイン）、サルウィン河河口のマルタバン（現モッタマ）など、「下ビルマ」が英国の支配下に入ることになる。

この頃、世界的な米の需要の高まりに合わせて、イラワジ河の河口に当たる肥沃なデルタ地帯は、英国によって田園開発が進められた。それによって、マンダレーを中心にした王都のあったビルマ中央部から多くの農民が、デルタ地帯に移動することになる。

世界的には、人口の増加や人の移動により、食糧保存の技術革新が求められていた。一八一〇年には英国でブリキ製の缶詰が用いられるようになり、缶詰工場が稼働することでブリキの原料となるスズ（錫）の需要が高まっていった。第二次英緬戦争に勝利した英国が、カヤー（カレンニー）州を直接の帰属としたのは、カヤー州から産出されるスズが目当てでもあった。ビルマ独立後のカヤー州の特殊な位置づけはここに始まっていた（一七〇ページ参照）。

英国の支配を排除しようと、ビルマ王はフランス勢力に接近した。しかし、そのことがかえって英国を刺激することになり、最終的に第三次英緬戦争を引き起こしてしまう。王都マンダレーに入城した英国はビルマ族による支配体制に息の根を止めた。

英国はその後、抵抗するビルマ人を鎮圧するため、ビルマ人の記憶に刻まれるほどの残酷な殺戮を行った。一八八六年一月、英国がビルマ併合を宣言し、ここにおよそ八五〇年続いたビルマ王朝は終わりを告げた。

イタリア、ポルトガルなどの旧植民者勢力は、中国や東南アジアの香辛料などをヨーロッパに輸出する交易が中心の支配体制であった。だが、次に現れた英国やフランスなどの新植民者勢力は、インド・中国・東南アジアという生産拠点であり、同時に消費地でもある巨大な地域を結びつけ、遠い母国から植民地自体を運営する支配体制をとった。つまり、これまで中国やインド、東南アジアの諸国に暮らす人びとは、そこで王朝の交代があったとしても、あくまでも上位の支配者はそこに暮らす人びとであった。だが、新たな植民者は、アジア諸国に暮らす人びとを植民者の母国である英国やフランスに従属させることになった。

英国によるビルマ支配は、当初はインド州の一つに組み入れられ、あくまでもインドという巨大な地域を養うための「米びつ」としての役割を与えられ、さらに石油やチーク材などの天然資源を収奪されることになった。英領インド帝国に併合されるという、インドに比べての格下の扱いは、ビルマ人たちのプライドを傷つけるものであった。

数百年に及ぶ上座仏教の暮らしの下で、人びとが考える支配者（王）とは、徳と慈悲を備えて民衆を統治する存在であった。新しい支配者（植民者）は、そんな倫理を持ち合わせていなかった。

英国は、土地からの産出物に税金を課すため、土地測量を行った。土地が広く人口密度が低い東南アジアの支配体制は伝統的に、人の支配であって土地（領域）の支配ではなかった。そのとき、ビルマの一般の人びとの間に新しい世界観――民族や国家というこれまでなかった新しい意識が生まれ始めた。英領インドによる税金の取り立ては過酷なものであった。このとき、直接的にビルマ人を苦しめたのは、インドや中国からやって来て高利貸しや地主となったインド人や中国人であった。このとき、ビルマの経済の中心となっていたラングーン（現ヤンゴン）のビルマ人の人口は三〇％ほどだとされる。

一九二〇年代から、ビルマでは反英運動が徐々に起こり始める。その中心を担ったのは都市の知識人や学生であり、英国によって権力を奪われた地方の豪族であった。ビルマで本来の知識層といえば、僧侶であったが、植民地政策では重要視されずに隅に追いやられていた。ヤンゴンには今もＹＭＢＡ（仏教青年会、四九ページ参照）という組織が活動しているが、このＹＭＢＡがその後、反英運動を率いる政治団体として発展していく。

植民者英国に対する抵抗が実を結び、一九三七年四月、インドから分離された「英領ビルマ」が誕生する。しかしこのときすでに、仏教思想が基盤だった社会を解体して民族概念を生み出した英国の支配体制は、異なる民族ごとに異なった実生活を押しつける階級社会を人びとの間に浸透させる政策を採った。例えば、英国植民地軍にはビルマ族よりもカレン族を優先的に採用し、公務員にはビルマ族やカレン族を就業させていた。また、大量に流入したインド人の多くは、生活が最も苦しい港湾労働者や農業従事者に就くことによって、人口の多くを占めるビルマ族と対立する構図を生み出していた。

この時期、反英ストライキや宗教対立・民族対立が頻発していたのは、出自の違いに関係なく、厳しい生活状況を余儀なくされた人びとの多くが小さな出来事でもすぐに爆発する不満状態を持ち続けていたからである。今に繋がる宗教対立や民族対立の萌芽はこの頃始まっていた。

ビルマ独立の英雄といえば、アウンサンスーチー氏の父親であるアウンサンである。一九一五年生まれの彼は、ラングーン大学（現ヤンゴン大学）最終学年時の一九三六年、全学ストライキを指導し、本格的に反英独立闘争に関わっていく。

このときアウンサンらがビルマの人びとをまとめるために、反英ナショナリズムを利用した。上座仏教の下、ゆるやかながらまとまりがあったビルマは、英国の植民地政策によって「民族」が生み出され、社会が分断された。分断されたままでは、人びとの暮らしはよくならない。そこで、その分断させられた社会を今度は、ビルマ族、カレン族、カチン族など主要民族を一つにまとめた国家「ビルマ」を元に、一つの国民という意識を持つことで、抵抗へ弾みをつけようとした。

英領インド帝国から分離して英領ビルマが誕生した一九三七年といえば、日本が中国で盧溝橋事件を起こし、日中全面戦争が始まった年でもある。ビルマも徐々にこの世界史の流れの中に組み込まれていった。

反英闘争を開始したものの、英国による植民地支配は強固であった。やがて武装抵抗に転じたアウンサンは、海外からの支援を求めるため一九四〇年八月、同志と二人で中国に向かった。

(3) 日本統治時代

日本によるビルマ支配の約四年間（一九四二～四五年）は、英国の植民地支配時期（一八八六～一九四七年〈四八年一月四日独立〉）の約六〇年に比べると極めて短い。だが、ビルマに残した影響は大きい。

中国に侵攻していた日本は、首都を中国内陸部の重慶に移して抵抗を続ける蒋介石の国民政府に手こずっていた。米英の連合軍は、英領ビルマを通って（通称「援蒋ルート」）国民政府を支援していた。その援蒋ルートを分断すべく、当時の日本軍はビルマにも諜報活動の網を張り巡らせ、アウンサンらの反英闘争を注視していた。

中国・厦門に渡ったアウンサンらは、中国共産党との接触に失敗した上、日本軍の憲兵に捕まり、一九四〇年一一月、日本に連行される。日本軍は、英国からの独立を目指すアウンサンを支援することで、英米連合軍に対する打撃を目論んでいた。日本軍によって設立されたビルマ独立義勇軍（ＢＩＡ＝Burma Independence Army）はその後、英国の支配からビルマを一時的に解放する。

日本によるビルマ支配は、第一に「援蒋ルート」の分断が目的であった。その後、ビルマに傀儡政府を樹立した日本（大本営）は、日中戦争の発端である盧溝橋事件のきっかけを作った牟田口廉也中将による無謀な計画——インド侵攻（インパール作戦）を最終的に認めた。このインパール作戦による日本軍兵士の死者は三万人を超える。死者の多くは、戦闘で死亡したのではなく飢餓と病気が原因であった。

アウンサンらビルマの人びとは、新しい支配者である日本も、結局は植民者英国と同じく、徳や慈悲で人びとを統治する者ではないことに気づき、やがて抗日闘争を始めることになる。一九四五年三月に始まった武装蜂起は約二カ月で終え、五月にはラングーン（現ヤンゴン）から日本軍を追い出す。しかし、同年一〇月には英国が再びビルマの統治者として戻ってくる。

日本軍によるビルマ占領期、ビルマに入った約三二万人の日本軍兵士のうち日本に戻ったのはおよそ一三万人である。日本軍は甚大な犠牲を払ったといえるが、現地ビルマ側の犠牲や被害はそれを上まわっていると推測される。だが、独立直後の紛争とそれに続く約五〇年間の軍政のため、過去の事実は歴史に埋もれてしまい、それゆえ、ビルマ側の正確な被害状況が日本に伝わっているとは言いがたい。

(4) 独立から軍政まで

アジア太平洋戦争終結直後、英国は自国の復興を優先する必要があり、インドはもとより植民地ビルマの運営に力を注ぐ余裕はそれほどなかった。もっとも英国は、戦時中に策定された『ビルマ白書』により、ビルマを植民地から解放し、将来的に英連邦に組み込む意図を持っていた。
しかし、日本占領期に国家運営の経験を積んだアウンサン（当時は国防大臣）らは、その勢いをもってビルマの独立を一気に目指した。アウンサンは一九四五年九月、軍服を脱いで政治家として行動を始める。ここで注目すべきことは、事実上ビルマ側のトップであった彼が、「軍人アウンサン」ではなく「政治家アウンサン」となったことである。

ここで簡単にアウンサンの経歴を振り返って見ると、民間人と軍人の経歴が見られる。一九三八年のタキン党入党から四一年の日本軍の特務機関・南機関訓練までの三年間は民間人。四一年の南機関訓練から四五年に軍服を脱ぐまでの四年間は軍人。四五年のパサパラ（日本軍を「ファシスト」とした「反ファシスト人民自由連盟」のビルマ語略称）議長職から四七年に暗殺されるまでの三年間は民間人。アウンサンは実のところ、軍人よりも民間人の経歴の方が長い。武力を背景にした国家運営は人びとの意思とかけ離れているということを、彼は英国や日本の軍政統治で学んだのである。しかしながら、彼の死後、独立に際して英国と交渉した実績よりも、軍人としての経歴が強調される。それは、後のビルマ軍政がその部分を強調しすぎた結果といえるのではなかろうか。

英国内の政権交代（アトリー内閣成立）、東西冷戦の始まり、インドの独立問題などが追い風になり、独立にかけるアウンサンの熱意は、英国政府との粘り強い交渉を可能にした。英国を訪問したアウンサンは一九四七年一月、「アウンサン＝アトリー協定」を締結するに至った。

パンロン会議が開かれた地では、７州７地域を表す旗を背景に国旗がはためく（2015年）。

独立前とはいえ「英国対ビルマ」という体裁をとった交渉は、一見すると国家を代表する者同士の立場に見える。英国は選挙を実施していたまがりなりにも「民主国家」であったが、ビルマ側のアウンサンは、あくまでも「管区ビルマ」（二四ページ参照）のビルマ族の代表であって、「辺境ビルマ」を構成していた諸民族の代表ではなかった。そこで、英国から帰国したアウンサンは一九四七年二月、シャン州パンロン（ビルマ語でピンロン）で少数派民族のうちシャン族、カチン族、チン族の代表者とだけで会合し、独立に向けて話し合いを行った（パンロン会議）。だが、カレン族はオブザーバーとしてだけ参加し、モン族やラカイン族などビルマを構成する有力な民族が参加しなかったため、中途半端な民族会合となってしまった。

さらに、アウンサンがビルマの全代表者ではなかったように、パンロン会議に参加したシャン族、カチン族、チン族の出席者たちもそれぞれの（少数派）民族を代表していたわけではなかった。そこに二重構造があった。この民族問題は、独立以来、現在までその紛争の尾を引くことになる。ビルマの社会が抱える問題は、武力に頼らない法による民政統治と民族問題、この二つに尽きる。

さまざまな問題を抱えながらも、独立に向けて動いていたビルマに悲劇が待っていた。一九四七年七月、政敵と目されていたビルマ人の老政治家ウー・ソオによって、アウンサンが暗

ヤンゴンの最高裁判所の建物に新しい国旗（「2008年憲法」で規定）が翻る。

2010年10月まで使われていた国旗

殺されてしまったのだ。

しかし、アウンサン暗殺後も、いったん動き出した独立への勢いは止まることはなかった。ビルマの独立式典の日時は、まさにビルマらしく占星術の結果に従い、一九四八年一月四日午前四時二〇分に執り行われた。ラングーン（現ヤンゴン）の市庁舎前で英国のユニオン・ジャックが下ろされ、代わってビルマ国旗（二〇〇八年新国旗に変更）が掲げられ、ビルマの独立は達成された。

(5) 軍政初期・ネウィン時代

独立後のビルマ政治は、暗殺されたアウンサンの後を継いだウー・ヌ首相によって、政党主導の議会制民主主義が採られた。しかし政治の安定は名ばかりで、中途半端に終わったパンロン会議で合意した協定が火種となり、各民族が武装闘争を始めた。さらに共産党が蜂起したり、政府内の不満分子が反乱を起こした。特に英国植民地時代から組織化が進んでいたカレン民族は、カレン民族同盟（KNU）を結成し、一九四九年一月から自治権獲得に向けて強力な反ビルマ闘争を始めた。このとき、ウー・ヌ政権が実効支配していたのは首都ラングーン（当時）ぐらいで、「ラングーン政府」とも揶揄されていた。

ウー・ヌ首相は、上座仏教の国教化推進を掲げたために、政治家の影響力低下と僧侶の発言権の拡大、仏教徒以外の人びとの離反をまねいた。さらに、選挙での公約である「少数民族の自治権の拡

シュエダゴン・パゴダの手前右に見えるマハウィザラ・パゴダは、ネウィン議長によって建立されたと噂されている。

大政策」がモン族やラカイン族の勢力拡大を促し、独立によるビルマ化によって、これまで経済を握っていたインド人や華僑系の権益とぶつかり、彼らからの反発を受けた。ここに至って、新生ビルマは約一〇年で、行き詰まってしまった。そんな政党政治による国内の混乱を抑えるために登場したのが、ネウィン大将が率いる国軍であった。

ネウィン大将は一九六二年三月二日、クーデターを起こし「革命評議会」を設置して憲法を停止し、議会を解散させた。ここに、その後約半世紀続くビルマの軍事政権が始動する。

ネウィンは、英国やフランスから獲得した武器をもとに、共産党やカレン民族の武装抵抗を抑え込むのに成功する。またビルマ社会主義計画党（BSPP）による「ビルマ式社会主義」という国家イデオロギーを導入し、経済の国有化を進めた。その際、軍人を国家の中央部署だけでなく地方各署の隅々にまで送りこみ、英国植民地時代に築かれた官僚制を軍部に取って代えた。ここに軍部は、アウンサン将軍の理想を裏切って、国防を担う組織ではなく、国家運営を担う組織へとその性格が変えられた。

ネウィン支配下の一九七四年一月、新憲法が発布され、「革命評議会」が「人民議会」へと変わったが、これは形式上の「民政移管」に過ぎなかった。軍部のトップであったネウィン大将は大統領へと衣を替えるが、事実上、権力を独占し、独裁者として君臨していた。

しかしながら、軍による国家の経済運営は無理な話であった。やがてビルマ経済は疲弊し、国民は窮乏生活を強いられることになる。同時に、人びとの間に、軍による恐怖政治に対するやり場のない鬱憤がたまっていった。

一九八八年三月、ヤンゴン市内の喫茶店で起こった大学生と官憲の関係者とのいざこざが、くすぶっていた人びとの不満に火をつけた。まず「反ネウィン」の抗議デモが発生し、やがてその動きは一般市民だけでなく、下級兵士や公務員をも巻き込んだ「民主化運動」へと拡大していった。

ちょうどその時期、長らくビルマを離れて英国で暮らしていたアウンサン将軍の娘アウンサンスーチー氏が、病弱の母親の介護のためビルマに帰国していた。スーチー氏はこれ以降、ビルマ独立の英雄の娘としてこの民主化運動の中核を担う人物として政治の場に登場していく。

独立の英雄アウンサンの娘であるスーチーというリーダーを得た民主化運動はこのとき、「第二の独立運動」として勢いを増し、ネウィンを政府要職から退陣させた。だが頻発するデモと暴力事件で社会機能は麻痺し、人びとの生活の混乱に拍車がかかり、市民社会は混沌とした。

(6) 軍政後期・タンシュエ時代

一九八八年八月に最高潮を迎えた民主化運動は(一九八八年八月八日の四つの「八八八八」を並べて、ビルマ語で「シッレロン」と呼ぶ)、その方向性が定まることなく、治安が乱れ、政府の統制は効かなくなった。この事態を収拾したのは、やはり軍部であった。一九八八年九月一九日、国軍は国家法秩序回復評議会(SLORC)を設置し、議会を停止し、全権を掌握した。軍部のクーデターである。治安の乱れを回復するという理由で、デモを主導していた学生

3月27日の国軍記念日の直前、旧首都ヤンゴンでは国軍兵士のパレードの演習が行われていた(現在は首都ネピドーで行われている)。

たちを抑え込んだ。政府発表では死者三三七名と公表されたが、実際は一〇〇〇～三〇〇〇人が命を落としたとされる。

ＳＬＯＲＣの発足一〇日後の九月二九日、民主化運動側は、スーチー氏を書記長とした政党「国民民主連盟（ＮＬＤ）」を設立する。

ＳＬＯＲＣは人びとの不満を抑えるべく、複数政党制の総選挙を実施する計画を公表する。ＳＬＯＲＣはこのとき、「ビルマ式社会主義」を放棄し、ビルマ社会主義計画党（ＢＳＰＰ）を軍部の受け皿となる「国民統一党（ＮＵＰ）」へと衣替えした。選挙を迎えるに当たってＳＬＯＲＣは、自らの政党（ＮＵＰ）が有利になるよう、学生リーダーのミンコーナインを逮捕し、国民に絶大な人気のあったＮＬＤを抑え込むため、スーチー氏を自宅軟禁に処した。

ＳＬＯＲＣは、新しい政権の発足に当たって、英語の国名を「ビルマ」から「ミャンマー」に変えるなど、軍のイメージの塗り替えとともに、地方の諸民族の地域名をビルマ語化するなど、徐々に「汎ビルマ」傾向を打ち出していく。

一九九〇年五月に実施された総選挙は、ＮＬＤが議席の八割を得て圧勝する。しかし、ＳＬＯＲＣは、政権委譲を拒否する。

ＳＬＯＲＣは政権委譲を拒否する理由として、新しい政治体制には新しい憲法が必要であって、今回の選挙はあくまでも国会議員の選挙ではなく、国の方針を決める憲法制定のための議員の選出であるとした。しかも新しい憲法を作るのは、今回の選挙で選ばれた議員ではなく、SLORCが意図的に選んだ憲法制定会議（通称「国民議会」）の議員が制定する、とした。制定された新憲法を審議するのが、一九九〇年の選挙で当選した議員の役割である、とした。SLORCは、これらの説明を自らが敗北した総選挙が終わってから公表した。

タンシュエ大将は一九九二年、SLORCの議長に就任し、憲法制定のための「国民議会」を翌九三年から始める。上級大将の地位に就いたタンシュエの下、一九九七年、「国家法秩序回復評議会（SLORC）」は「国家平和発展評議会（SPCD）」に、名称とその構成要員を刷新する。ここに至って、新たな軍事政権SPCDは、一九九〇年の選挙結果をもとした政権委譲の意志がないことを内外に宣言する。

一九六二年のクーデター後のビルマがネウィン大将による独裁体制であったように、一九九二年以降のビルマの軍政はタンシュエ上級大将が権力を握る独裁体制となった。このとき、タンシュエ体制を支えた一人が、軍の情報局を取り仕切っていたキンニュンであった。タンシュエが一兵卒からの叩き上げの軍人であったのに対し、キンニュンは大学卒のエリート参謀で、SLORCとSPCD内で第一書記に就いていた。

ネウィン時代には食べるものが不足し、空腹のため夜も眠られなかった、しかし、キンニュンの時代になると、深夜に秘密警察が自宅を訪れ逮捕され、どこかへ連れ去られるので、恐怖で眠れなかった――当時二〇代後半だった私の友人は、そう振り返る。

一九九〇年の総選挙前に最初の自宅軟禁に置かれたスーチー氏は一九九五年七月、法律に従って、自宅軟禁を解かれる。しかしタンシュエ上級大将支配の下、軍政に対話を求めるスーチー氏やNLD党員に対して嫌がらせや迫害が続いた。

スーチー氏解放によって、一時的に息を吹き返した学生運動であったが、一九九六年、ヤンゴン大学が閉鎖させられると、ビルマの政治運動を歴史的に担ってきた学生運動は完全に抑え込まれた。この頃、軍政による人びとへの締め付けは一層厳しくなり、それによって欧米諸国からは経済制裁を受ける。さらに、同じ東南アジア諸国の一員として、ビルマに比較的理解を示していたアセアン諸国からの投資も凍結された（ビルマは一九九七年アセアン加入）。また地方に暮らす人びとに強制労働や強制移住を課すことで、国際労働機関（ＩＬＯ）からその創設以来、初めての制裁発動を受けることになった。

タンシュエ上級大将率いるＳＰＣＤは、前のネウィン軍政の崩壊は「ビルマ式社会主義」政策の失敗で経済的に苦境に陥った市民が抗議に立ち上がったとの反省を踏まえ、外国資本導入などの市場経済化を進める方針をとった。一方、スーチー氏率いるＮＬＤ側は、民主化勢力との対話を拒否して市民を抑圧し続ける軍政の政策に圧力をかけるため、国際社会に「経済制裁の必要性」を公言し続けた。この時点で、軍政と民主化勢力の対立は決定的であった。

二〇〇〇年九月、ＮＬＤの活動を推し進めていたスーチー氏は、二回目の自宅軟禁となる。二年後の二〇〇二年五月、自宅軟禁から解放されたスーチー氏は、ＳＰＣＤの圧力にかかわらず、全国規模での遊説を開始する。

スーチー氏を含むＮＬＤ一行数十人が二〇〇三年五月末、ビルマ中央部ザガイン地域のディペインで、軍の翼賛団体の国家統一発展評議会（ＵＳＤＡ＝Union Solidarity and Development Association）のメンバー数千人から襲撃を受けた（＝ディペイン事件。「血の金曜日事件」ともいわれる）。この事件で、スーチー氏は暴徒たちに殺害されかかるが、間一髪で危機を逃れる。だが、このときＮＬＤ党員や地元の村人一〇〇名前後が殺されたと推定されている（政府発表は四名の死者）。

ザガイン地域のモンユワからディペインに通じる田舎道（上）。ザガイン地域のディペイン市内の消防署（ディペイン事件の被害者は事件後、警察署か消防署の敷地内に埋められたという噂がたった。写真は 2007 年）

この「ディペイン事件」の発生によって、これまでＳＰＣＤ体制に理解を示していたアセアン諸国もさらに厳しい対応に出ざるを得なかった。

この頃、軍部の情報局を取り仕切っていたキンニュン大将の勢力が強大になり、ＳＰＣＤ内では権力争いが起こっていると噂されていた。タンシュエ議長は、キンニュンを軍部の情報局を取り仕切る第一書記の職から解き、首相の座に据えることにした。軍部の要職を解任され、軍事独裁下で政府の多忙な首相職（民間人）へ異動させられるということは、一種の降格人事である。その後、ＳＰＣＤはキンニュン首相の下、二〇〇三年、「民主主義へ向けて七つの道程」（軍政から民政移管）が発表される。そのキンニュン首相も二〇〇四年一〇月、逮捕・軟禁され、失脚してしまう。

欧米諸国から経済制裁を受けていたタンシュエ体制だったが、実は、南ビルマのタニンダイー地域に面するアンダマン海から産出される天然ガスを、隣国タイに輸出することによって経済的な苦境をしのいでいた。実際、天然ガスの輸出は貿易黒字にさえなっていた。また、欧米諸国やアセアン各国がビルマから距離を置くことによって、中国からの経済的・政治的支援が目立ってきた。

二〇〇五年末から二〇〇六年にかけて、首都ヤンゴンがマンダレーの南に位置するネピドーに移転する。ビルマでは歴代の統治者は、パゴダを造ったり、遷都することで自らの支配履歴を残そうとしていた。

ＳＰＣＤは二〇〇七年、ガソリンの値上げを発表する。それをきっかけに人びとの不満が高まり、主にヤンゴンやマンダレーで抗議デモが発生する。すると、人びとの苦境を見かねた若い僧侶たちが、そのデモに呼応して立ち上がり、慈悲の心をもった為政者として人民の声に耳を傾けるよう、軍政に対して呼びかけた（いわゆる「サフラン革命」）。しかし軍政は、これまでと同じように、逮捕・弾圧という強硬手段で人びとを鎮圧し、僧侶を抑えつけた。そのとき、日本人ジャーナリスト長井健司氏が国軍の凶弾によって命を落とすことになる。

二〇〇七年末、一五年間もの時間をかけた憲法草案がようやく完成する。その憲法草案を国民投票にかけようとしていた一週間前の二〇〇八年五月、死者・行方不明者一四万人、被災者二四〇万人を数えるサイクロン「ナルギス」がデルタ地帯を襲った。デルタ地帯に隣接するヤンゴン地域でも多くの人が被災した。まずは被災者の救援を、という国内外の訴えを無視した軍政は、国民投票を予定通り強行する。その投票は投票率約九九パーセント、憲法草案賛成約九二パーセントという結果で、新憲法は「国民に承認」された。

ＳＰＣＤによって示された「民主主義へ向けて七つの道程」は、その五つ目、新憲法下での総選挙の段階に入る。だが、軍政にとって問題があった。スーチー氏を三度目の自宅軟禁に置いていた法律上の期限が終わりに近づいてきたことであった。

ところが二〇〇九年五月、不可解な事件が起こった。インヤ湖に面するスーチー氏の自宅まで、

厳しい取材制限が敷かれた 2010 年 11 月 7 日の総選挙当日（ヤンゴン市内タームエ地区）

ある米国人が対岸から約二キロメートルを一人で泳ぎ渡ったことである。この事件によって、軟禁解除を半年後に控えたスーチー氏は、外部の者を自宅に招いたという法律違反により（自宅軟禁中に外部の者と接触したという理由で）、懲役三年の刑を受けることになる。しかし、判決直後、内務大臣による恩赦が発表され、自宅軟禁はそのまま延長され、新たな刑期三年は一年半に減刑されることになった。これは、米国人の行動に関して軍政が裏で何らかの所為を行ったと思われても仕方ない出来事であった。

二〇一〇年一一月七日、二〇年ぶりの総選挙が実施される。この選挙は、二〇〇八年の憲法によって、あらかじめ二五％の議員が軍人に割り当てられており、その残り七五％の議員を選出する選挙でもあった。ＳＰＣＤは、翼賛団体（Ｕ

３度目の自宅軟禁の解除の日（2010 年 11 月 13 日）。アウンサンスーチー氏の自宅前には大勢の支援者が集まった。

ＳＤＡ）を政党化（ＵＳＤＰ）して選挙に参加した。ＮＬＤは、選挙に参加しなかった。選挙結果は、ＵＳＤＰの圧勝に終わる。選挙から一週間後、スーチー氏は自宅軟禁を解かれる。スーチー氏は、一九八八年の帰国から二〇一〇年の自宅軟禁の解除までの二二年間三カ月の間に、英国に残した家族とも別れたまま、合計一五年二カ月の間、自由の身を奪われていた。

選挙の結果を受け、翌一一年一月、約半世紀ぶりに上下院議会が招集された。二月にはＳＰＣＤ時代のナンバー４のテインセインが大統領に選出され、ＳＰＣＤのナンバー３であったシュエマンが下院議長に就任した。三月三〇日にＳＰＣＤの解散が宣言され、ビルマは公式に民政移管を果たした。

(7) 民政移管後

SPCDの解散を受けて、軍政下の二〇〇三年に決定された「民主主義へ向けて七つの道程」は、ようやく達成された。だが、民政移管後の国の行方を定める行程は白紙であった（その後「発展への行程」が発表される）。軍政時代、軍部は民主化へ向けて、これまたビルマ独自の「規律ある民主主義」（disciplined democracy）を目指していたが、いったいそれが思想的にどういうものなのか、誰も説明できなかった。そんな中、事態が動いたのは二〇一一年八月、テインセイン新大統領とスーチー氏が、首都ネピドーの大統領執務室で、二人きりの会談をもったことから始まる。

同年九月、テインセイン大統領は、中国の支援による巨大ダムプロジェクト（カチン州北部、イラワジ河の源流地点に計画された「ミッソン・ダム」）の中断を発表する。一〇月には政治囚の釈放が実行される。ビルマの変化を機会に、欧米の政府高官がビルマを訪問するようになる（一一月、クリントン米国務長官が米国高官として五六年ぶりの訪緬など）。

二〇一二年一月一二日、カレン民族同盟（KNU）と歴史的な停戦合意に至る。翌一三日には、元学生民主化運動家のミンコーナインやココジーら著名な政治囚が釈放される。これら一連の動きによってテインセイン政権は、国内において民族問題や政治問題の収拾へ新しい一歩を踏み出した。

二〇一二年四月一日、国会議員の補欠選挙が行われた。ビルマでは、国会議員に当選して大

独立記念日（1月4日）、アウンサンスーチー氏がヤンゴンのＮＬＤ本部で演説する。

臣や副大臣に就任した場合、議員はその資格を失うばかりでなく、名目上とはいえ所属政党から離れることになっている。行政の執行者は、国の代表者であって党の代表者ではない、という理由である。一九四八年に英国から独立した直後、権力争いをした政党政治の反省から生まれた規定である。軍部による政治家への不信はそれほど根深かった。そんな補欠選挙にＮＬＤが参加し、四三議席を得る圧勝を果たした。補欠選挙とはいえ、ＮＬＤとスーチー氏の人気の高さを証明した。この選挙でスーチー氏は国会議員に当選し、民主化指導者から立法府に所属する政党政治家として本格的に動き始めた。

新政権は同じ四月一日、経済問題の足枷であった二重為替制度（軍政は、公的機関では一ドル＝約六Ｋの固定相場制度を取っていたが、民間では一ドル八〇〇〜一二〇〇Ｋの変動相場制となっていた。この大きな差が軍政の資金源ともなっていた）を廃止する。テインセイン大統領は四月二〇日、国家元首として二八年ぶりに日本を訪れ、約三〇〇〇億円の債務帳消しの確約を得る。これ以降、ビルマは国際社会に「新しい顔」で登場するようになる。

八月の後半には、これまでの厳しい検閲制度が廃止され、それによって多くの雑誌が創刊され、ビルマ人たちが自らの手で国内の状況を情報発信をするようになっていった。翌一三年四月には五〇年ぶりに民間の日刊紙の発行も許可されるようになった。また外国の通信社やテレビ局の支局の開設も許可され、インターネットの基盤も徐々に整備されていくようで、「閉ざされた国ビルマ」は、一気に「開かれた国ミャンマー」に変化していった。国内外との「風通し」が驚くほど良くなっていった。

これまでビルマ軍政下での政治・経済・民族・内戦などの諸問題は、軍部が力で統治権力を握っていたことが原因であった。また、それらの問題を解決するためにとられた手法も、上座仏教の思想を上手く利用した、法の支配に拠らない、やはり軍による上からの押しつけであった。

しかし今、外国企業の進出も増え、軍政下で海外での亡命生活を余儀なくされていたビルマ人も多く帰国するようになってきた。それによって、政府同士の関係だけでなく、民間人の交流も爆発的に増加している。また、現地での日本語情報誌も五紙近く発行されるようになってきた。これらの動きから、いままで知られなかった新しいビルマが広く紹介される状況となっている。

2　ビルマの民族問題

「八大民族」と「一三五のサブグループ」

ビルマで政治問題（民政移管）と同じくらい大きな問題は、実は民族問題である。いや、政治史以上に複雑で説明しづらい題材である。

ビルマの政府発表によると、ビルマは総人口約五一〇〇万人の中に、八大民族があり、さらにその下に一三五もの下位集団の民族（サブグループ）がいるとされる。

この八大民族とは、バマー（ビルマ）・モン・カチン・カヤー（カレンニー）・カレン（カイン）・シャン・ラカイン（アラカン〈ヤカイン〉）・チンである。

行政上の区分けで「州」と名付けられたのは、これらの民族名に由来し、名目上は人口の多数を占めている。地域（管区）と名付けられた行政区は、ビルマ人（バマー〈ビルマ民族〉）が多いところである。

八大民族のうち最大はビルマ民族で、全人口の六〇～六五％を占めるとされる。だが、果たしてこの区分けが妥当で、しかも一三五ものサブグループがあるのかどうかは、疑問なのである。ビルマ軍政は、〈これほど多くの民族が存在しているビルマでは、それぞれの民族が勝手なことを主張してしまうと国家がバラバラになってしまう恐れがある。そのため、国家の分裂を防ぐために軍の力が必要なのだ〉と説明してきた。軍政としては、民族の区分けが多ければ多いほど都合がよいのだ。また、一三五ものサブグループも、それほどの細かい区分けは妥当といえるのだろうか。

実はビルマではこの一三五という結果が出た調査は一九八三年に行われたものであり、それ以降は正確な調査は行われていない。ビルマの専門家は「歴史的には本格的な民族調査は、約一〇〇年前の英領時代以降実施されていない」としている。

この一三五の内訳を見てみると、チン民族に五三の、シャン民族に三三のサブグループがある。ということは、この二つの民族だけで、その合計は八六もあり、六割以上のサブグループを形成している。

日本に暮らすビルマ人は、民族の違いを次のように説明する。

「日本に来て関西の人とか、青森の人とか、それも一つの民族なんじゃないのかなって思っているんですよね。鹿児島の人だってそうだし、みんな言葉が少し違うじゃないですか。私から見

ビルマ最北の村タフンダン（「ビルマ本書関連図」参照）に暮らすチベット人家族

たらみんな違う民族に見えるんです。でも、日本だと沖縄まで日本人なんですよね」

つまり、ビルマの人の感覚では、「東北人」や「関西人」も民族としてアリなのである。ちょっとした言葉や生活習慣の違いで他民族となってしまう。そういうことがビルマではありうるのだ。実際、ビルマ全土をまわった私の感覚では、ビルマには四〇〜五〇の民族が存在しているのではないかと思う。

外国のメディアも、この一三五民族という数字をなんの検証もなしに引用することによって、結果としてビルマ軍政の主張を補強してきた。

一方で、ビルマ軍政はこれまで、中国に対する特別な意図を持っていたのか、ビルマ最北の複数の村に暮らすチベット人の存在を認めていない。また、ザガイン地域のシュエボー（Shwebo）近郊に暮らすポルトガル人の子孫「バインジー」と呼ばれる、青や緑の目をした人びとも民族としては認めていない。

一九八三年の民族調査は、正確ではなかった。より正確な民族調査は、一九三〇年代、英国の植民地時代に行われたものだという人もいる。民政移管後としての初めての総選挙が二〇一五年一一月に行われる。その選挙人登録のため、国連の手助けを得て約三〇年ぶりの国勢調査が二〇一四年三月から四月にかけて実施された（二〇一五年五月、調査結果を公表予定）。

さらに、人口の五％とされるイスラームを信仰する人びとは、自分たちを「ムスリム人」として民族と認識しているが、民族としての調査対象から外れている。繰り返すが、私は、現地で出会ったビルマの人びとに「バー・ルゥーミョー・レー（あなたは何人〈何民族〉ですか？」と質問してきた。その答えとして、「ムスリム（ムスリム人です）」と答える人がいた。ビルマでは、イスラーム教を信奉する人びとを「ムスリム人」として、「民族」あるいは「人」と説明する方が、より現地の実情に合っている。

英国の植民地政策が生み出した「民族」

独立後のビルマの領域が隣国とはっきりと区別されるのは、西のバングラデシュでは一九六〇年代、北の中国は一九七〇年代と結構新しく、それまでは国境周辺に暮らす人びとは国境をまたいで自由に往来していた。

実際、私が取材に入ったカレン州でも国境を接する隣国タイとは、カレン民族同盟（KNU）が両国にまたがってゲリラ活動を続けていたこともあり、一九九〇年代後半になってもカレン人たちは、タイとの国境をほぼ自由に行き来していた。

おおざっぱにいって、英国の植民地になる前は、ビルマにおいて「国家」や「民族」はそれほど意識されていなかった。あくまでも王を領主に頂く仏教徒としての意識が強かった。たとえ言葉や文化、風習が違っても、同じ仏教徒として共通の基盤を持ち、それぞれ民族の違いは、ちょっと異なる人が近くに住んでいるというぐらいの感覚であった。

状況が大きく変わったのは、英国の植民地政策の結果である。その一つは、王制が廃止されたことである。ビルマ王は、人びとを支配する権威のよりどころを、「サンガ」（仏僧集団）から与えられてきた。一方のサンガは、王からの財政などの支援を受けることによって成り立っていた。王とサンガは持ちつ持たれつの関係であった。英国の侵攻によって王制が廃止されると、この両者の関係が成り立たなくなり、サンガが宙ぶらりんになり、そのまとまりに「きしみ」が出始めた。

また、英国のビルマ政策の出発点は、あくまでもインド支配の延長線上にあり、土地の所有者や租税徴収のために人口調査を行った。それらの調査の副産物として、そこに新たに「民族」の区分けが誕生していったことである。それまで王や藩王などの支配者領域内に暮らしていたのは、言葉や社会習俗に違いはあれど、基本的には上座仏教徒の人びとであった。あくまでもそこに暮らす人のアイデンティティは仏教徒であった。それが、村や地域ごとに、言語や風習によって区分けされていった。それ以降、社会の成り立ちに変化が起こる。今でいう文化人類学的な人口調査はその後、仏教徒として同じ集団だった人びとの差違を強く意識させることになり、「民族」という概念を徐々に育んでいくようになった。それだからこそ、ビルマにおける民族紛争の歴史は、一三〇年ほどしかない。

支配者層としては、被支配者たちがまとまらないようにするのが好都合であった。その伝統は、その後、「分割統治」という形で軍政に引き継がれていった。

かつてカチン州を四年近く取材した吉田敏浩さんは、州内の民族の呼称の複雑さを次のように記述している。

「わたしの先祖は初めはジンポーだったのが、マルーの土地ではマルーになり、リスーの土地ではリスーになり、マルーの土地にもどって来ればまたマルーになる、という風なんだよ。そのつど話す言葉も変わって、同時に自分が何者かという気持ちも変わってゆくんだろうね」(『森の回廊』NHK出版)

国境線が引かれる前まで、その土地に暮らす人びとは「国民」という意識が、植民地に組み込まれる前までは「民族」という明確な意識は薄かったと思われる。ビルマは、英国植民地期に「民族意識」が生まれ、軍政期から民政移管を経て「国民意識」が強まってきたといえよう。このように、横につながる仏教徒を元にした「同胞意識」から、まず民族意識が生まれ、さらに縦に繋がる国家意識へと社会が変化していったのである。

時計塔――植民地支配の残滓

ビルマに関するどの歴史書にも、英国による「分割統治」の説明は出てくる。だが、冒頭に書いたように、軍政時代から民政移管を経たビルマの変化を見通せなかった反省から、改めて自分の写真を見直す作業をしてみた。すると、この二〇年間の取材撮影中に印象に残った出来事を、改めて思い出すことになった。ビルマは、英国による「分割統治支配」を受けた一方で、同時に一つのビルマとして支配されてきたのではないか、と。

北部カチン州の州都ミッチーナに建つ時計塔を見たとき、ちょっと違和感を覚えた。というのも、その時計塔の台座のプレートに日本語が刻まれていたからだ。ヤンゴン市内ではあまり時計塔を見かけることはないが、地方都市に足を運ぶと、町の中心部に時計塔をみかけることが多い。さて、ここに七つの時計塔の写真がある。これら七種類の時計塔は、ビルマ全土を歩いた私自身が撮影したものである。

ビルマでは、同じような形の時計塔が各地に建っている。それぞれの時計塔には特長があり、現場を歩いた人ならその写真を見て、それらがどの地域に建っているのか即座に言い当てることができるだろう。

また、ある程度、ビルマを知っている人なら、現場に行かなくともその写真を見ただけで、どの時計塔がどの地方都市に建っているのか判定することもできる。これらの時計塔は、ある意味、地方のビルマらしさを表している。例えばカレン州の州都パアンには、カレン民族のシンボルである牛の角や太鼓の飾りを付けた時計塔がある（一三七ページ参照）。ラカイン州の州都シットゥエーには、おそらくビルマで最も古いオランダ製の時計塔とビルマ軍政時代の時計塔の二つが建っている。

町の真ん中に建つ時計塔は現地の人にとって、生活の風景の一部になってしまったため、今さ

モン州モーラミャイン（上）とシャン州シポーの時計塔

ら、人びとの話題になることはあまりない。その一方、生まれ故郷を離れたビルマの人にとって、これらの時計塔の写真は自分のふる里を思い起こすシンボルにもなる。タイに暮らすパアン出身のカレン人に時計塔の写真を見せると、懐かしそうに写真に見入っていたこともある。

これら全国に散らばる時計塔の多くは、一九世紀の英国の植民地時代に造られたものが多いが、一五～一六世紀に建てられた時計塔もある。

これらの時計塔は写真として「絵」になりやすく、私はおもしろがってあちこちの時計塔の写真を撮り続けた。だが、ビルマ各地を歩きまわり、それぞれの地域で撮影した時計塔の写真が増えるにつれて、何か釈然としなかった。確かにこれらの時計塔の写真は、ビルマの地方をイメー

カチン州ミッチーナ（上）とカヤー（カレンニー）州ロイコーの時計塔

ジさせる建造物であった。だが、ある時、ふと気づいた。これらの時計塔は、もしかすると英国の植民地主義の象徴の一つではないのか、と。

ビルマは英国の植民地になるまで、各地域で各民族が、それぞれの社会風習に従って暮らしを営んでいた。当然、農作業の時期や生活時間の流れも異なっていた。英国はまず第一に、武力で現地のビルマ王朝を制圧した。次に、目に見えない形で、時計でビルマの時間を統一することによって、実生活レベルでビルマを治めようとした。

植民者たる英国は、直接統治であろうが間接統治であろうが、多様な歴史や文化の違うビルマを、実は、ひとまとまりにする必要があった。その一つの手段として、ビルマ全土（北緯一〇度

イラワジ地域パテェイン（上）とタニンダイー地域コータウンの時計塔

ラカイン州シットゥエーの時計塔

から二八度、東経九二度から一〇一度）の時間を統一することを目指した。北はカチン州の州都ミッチーナ、南はタニンダイー地域のコータウン、西はラカイン州のシットゥエー、東はシャン州の州都タウンジーまで。だからこそ、各地の州都や地域の中心で、さまざまな形の時計塔を見ることができるのではないだろうか。

しかし、時代が経つにつれ、英国による植民地主義を快く思わないビルマの人であっても、これら「負の遺産」ともいえる時計塔を自分の出自の民族を思い起こすものとして受け入れている。

隣国タイに連絡事務所を持っていたカレン人のゲリラ兵士たちも、タイ側からビルマ側の山中に戻る際、几帳面にも時計の針を三〇分遅らせていた。植民地時代の「時間の支配」は彼らの身に染みこんでいる。

3　ビルマの宗教

ビルマは敬虔な仏教徒の国である。人口の八五％近い人が仏教徒だとされている。その他、キリスト教徒・イスラーム教徒・ヒンズー教徒がそれぞれ五％ほどいるとされる。ただ、私が全土をまわった印象からすると、イスラーム教徒（ムスリム）の数は一〇～一五％はいるのではないだろうか。これらの最新の統計は、二〇一五年の総選挙に向けて、二〇一四年三月から四月にかけて約三〇年ぶりに実施された国勢調査の結果を待つしかない。

上座仏教とは何か

ところで、日本も仏教国だからビルマと親密なつきあいができると理解されている。だが、これは大きな誤解である。ビルマの仏教は日本の仏教とは大きく異なる。まずそのことを頭の中に入れておかねばならない。ビルマは上座仏教（Theravada：テーラワーダ）、日本は大乗仏教（Mahayana：マハーヤーナ）である。

では、これらの内容の違いは何であるのか。

仏教学者の佐々木閑氏がわかりやすく説明してくれている。

（上座）仏教は、理想の生き方を目指して特殊な修練をするという点からいえば宗教のひとつだが、キリスト教やイスラム教のように、絶対的な神は認めない。だから「神のお告げ」というものがない。しっかり坐って考えて真理を悟る。それはすべて自分がやること。外の誰かが答えを教えてくれるのではない。

（中略）ところが、その仏教も、周囲の多神教世界の影響もあって時とともに急速に変容し、超越者を想定する一般宗教に変わっていく。（中略）外部に超越者を設定することで、世界の法則性さえも超えた外的な奇蹟を認め、それを教義の必須条件と考えるようになってくる。精神内部の心的神秘が、外部世界の奇蹟神秘へと移っていくのである。これによって、仏教もキリスト教などの唯一絶対神宗教と同じ路線に入り込んでいく。（中略）そのような仏教を、きわめて大雑把な言い方ではあるが大乗仏教と呼ぶ。（『犀の角たち』大蔵出版）

つまり、上座仏教が一方にあれば、他方にキリスト教やイスラーム教とならぶ大乗仏教のグループがあるということである。

ビルマでは人口のおよそ八五％の人が信奉するのが上座仏教であるので、ビルマ人とはすなわち仏教徒だと思っている人も多い。特に「ビルマ民族」という場合は、九五％近い人が仏教徒である。国営紙にはたびたび、テインセイン大統領をはじめ閣僚の多くがパゴダを参拝したり、高僧へ寄進している様子が頻繁に報じられている。ビルマで人心を掴むには、自分たちがどれだけ熱心な仏教徒であるかをアピールするかにかかっているのだ。英国から独立した後、政権のトップに就いた元首相のウー・ヌは、法律で仏教を国教に規定しようとしたほどである。

戒律を守って厳しい修行のある僧門に入る者は人びとから崇められる。僧侶は、修行を通して涅槃に到達するのである。だが、世俗に生きる一般の人は、やはり生活が大事なので誰もが修行に専念できるわけではない。それだからこそ、自分たちに代わって仏門に入る僧侶に敬意を表すのである。

ビルマの多くの男性は、シンピュー式（得度式）を経て数週間から数カ月の仏門に入る。パゴ

The New Light of Myanmar
MYANMAR'S OLDEST ENGLISH DAILY
Volume XXII, Number 105 — 9th Waxing of Wagaung 1376 ME — Monday, 4 August, 2014

President U Thein Sein drives stake for Maha Thakyayanthi Buddha Image in Nay Pyi Taw

Nay Pyi Taw, 3 Aug — A ceremony to drive stakes and lay cornerstones for Maha Thakyayanthi Buddha Image was held on Aungmawdi Hill in Ottarathiri Township of Nay Pyi Taw Council Area on Sunday morning.

President U Thein Sein offered the nine gems casket, equipment for driving stakes and donations to Presiding Abbot of Maha Withutayama Zaygon Monastery Sayadaw Abhidhaja Maha Rattha Guru Bhaddanta Kavisara.

Vice President Dr Sai Mauk Kham and wife Daw Nan Shwe Hmon presented offertories to Pauk...

President U Thein Sein offers nine gems casket to Withutayama Zaygon Monastery Sayadaw Abhidhaja Maha Rattha Guru Bhaddanta Kavisara for placing it at the cornerstone of Maha Thakyayanthi Buddha image in Ottarathiri Township of Nay Pyi Taw Council Area.—MNA

INSIDE
Implementation Committee for Education Promotion meets — Page-3
Poverty reduction, rural development need prompt action: Union Minister — Page-3
Kanbawza group of companies gets highest score for its transparent businesses, social activities — Page-3
Putting public interest before personal gain — Page-8

China (Taipei) to open door to Myanmar workers

By Khaing Thanda Lwin

Yangon, 3 Aug — U Min Hlaing, chairman of Myanmar Overseas Employment Agencies Federation (MOEAF), told the New Light of Myanmar on Sunday there are many job opportunities for Myanmar workers in China (Taipei) and that these are for work in electronic factories with a basic salary K600,000 per month.

The MOEAF held talks with labour organizations of China (Taipei) about this matter during a tour there from 21st to 25th July. These organizations are ready to allow Myanmar workers when the Myanmar government gives the green light. Both sides are working on sending Myanmar workers during this year, he added.

U Min Hlaing, Chairman of Myanmar Overseas Employment Agencies Federation (MOEAF).

Ancient artifact copper sulphate ornament on view at village museum in Wetlet Tsp

Wetlet, 3 Aug—Artifacts of the Pyu culture, including an ornament made of copper sulphate crystals, are being displayed for public observation at the Sayadaw U Naga Museum in Nyaungkoebin Monastery of Hanlin Model Village in Hanlin Pyu Ancient Cultural Area in Wetlet Township of Sagaing Region.

A copper sulphate ornament in Pyu era displayed at Sayadaw U Naga Museum in Hanlin Pyu Ancient Cultural Area in Wetlet Township for preservation of artifacts.

国営紙でテインセイン大統領が高僧に寄進する記事が掲載される（2014年8月4日付）。

シンピュー式（得度式）に臨む男の子

ダを訪れると、華やかに着飾った幼少から少年の姿を見ることがある。息子の晴れ姿ということで経済的に貧しい家庭であっても、できるだけ豪勢に得度式をしようとする姿がみられる。そんな僧侶たちは、日常生活でも非常に大切にされている。バスに僧侶が乗り合わせると、誰もが我先に席を譲る。それは少年僧であってもだ。スーチー氏でさえ、まだあどけない少年僧に向かって手を合わせる。

外国人が想像する以上に、僧侶に対しては敬意を持って接しなければならない。話しかける言葉も違うし、座る位置や食事にも気をつけなければならない。女性は直接、僧侶に触れることは厳禁である。

しかし一方で、私自身、非常に理解に苦しんだ光景を目の当たりにしたことがある。キリストの生誕を祝う一二月二五日のミサの日、ヤンゴンの教会を訪れた時、仏教徒の袈裟を身にまとった若い僧侶が数人、そのミサに参加していたことがある。家がキリスト教を信奉する仏教徒なのか。はたしてビルマ人社会に「家」という概念があるのかどうか。いまだに不思議な場面であった。

竹山道雄の小説『ビルマの竪琴』には僧侶が登場する。そこで、僧侶がインコを飼ったり、竪琴を奏でたりする場面が出てくる。しかし、ビルマの僧侶は厳しい修行僧なので、そのような世俗的なことはしない、あれはやはり創作物だ、との説明もある。だが実際、ビルマに入ると、肩すかしを食らうかもしれない。例えばヤンゴンの街を歩くと、サングラスをして携帯電話を持っている、結構世俗的な僧侶に出会うからだ。それには理由がある。というのもビルマの上座仏教にも日本の大乗仏教と同じようにいくつかの宗派があり、外国人が目にするちょっと「軽め目」の僧侶はトゥーダンマ（ツーダンマ）派に属しているのだ。戒律に忠実で厳しい修行を実践しているシュエジン派の僧侶などは、街角で出会うことは少ない。

町中では一見するとそんな軽い僧侶を目にするが、そこはやはりビルマの僧侶である。きちんと対応しなければならない。大都市ヤンゴンといえども朝早く歩くと、あちこちで托鉢にまわる僧侶を目にする。都会に暮らす人びとは、草履を脱いで、僧侶の差し出す鉢に食べ物を提供している。ちなみに、男性の僧侶はそれぞれが決まった家をまわるが、尼僧は飛び込みで托鉢にまわることになっている。

早朝の托鉢にまわる僧侶たち（マンダレー）

僧侶と政治

世俗の暮らしとはかけ離れている生活をしているはずの僧侶が、実は、政治的な活動をしていると思われることがある。

二〇〇七年八月、ヤンゴンを中心に一〇万人の市民が参加した、いわゆる「サフラン革命」と呼ばれる反政府行動が起こった。もともとはバス代や燃料費、お米の値上げに端を発した市民の抗議デモは、政府によっていったん鎮圧された。だが、人びとの窮状を見過ごすことは許されない、と、若手の僧侶が中心となって軍政に「呼びかけの運動」が起こった。

そのとき、街中を行進していた僧侶の一団が、当時三度目の自宅軟禁に置かれていたスーチー氏の家の前にたどり着いた。すると、なんとスーチー氏が自宅の扉の陰に姿を現したのだ。非常に荒い画像だったが、インターネットを通じてそのスーチー氏の姿が流れると、いったんは沈静化し始めていた一般市民の抗議行動が、再び盛り上がった。

後日、「サフラン革命」に参加した僧侶の一人に、僧侶が政治に関与しても良いのですか、と尋ねてみた。彼は次のように答えた。

「自分たちは政治活動をしたのではない。人びとが苦しんでいるのに、その事実に目をつぶって修行活動を続けるのはおかしい。自分たちは人びとに寄り添ってこそ社会の中で生きていけるのです。そのため政府の指導者に呼びかけを行ったのです」

出家した僧侶は生産活動をせず、ひたすら修行に励む。僧侶の偉大さは、どれだけ真剣に修行生活を送っているか、である。だが、僧侶とて人間である。食べないと生きていけない。そこで、人びとの間をまわって食を乞うこと、つまり托鉢をすることで生きながらえる。そこで自分たちの命を支えてくれるはずの世俗の生活に余裕がなくなり、寄進がなくなれば、自らの生活にも影響をきたしてくる。精神的な支柱である僧侶は、実生活を普通の人びとの生活に頼るという、持ちつ持たれつの関係である。その一方の側が苦しんでいるのなら、彼ら彼女たちのためにというのは、実は自分の生存のためでもある。だから、声を上げたのだ。

ビルマにおいて、人びとの窮状を前に僧侶が立ち上がった例がいくつかある。その一人が、ラカイン州出身の僧侶ウー・オッタマである。

一九世紀の後半、植民者の英国によってビルマは、第一にはインドへの米の供給地としての役割を担わされた。そのためデルタ地帯である下ビルマは米作地帯へと変貌していった。ビルマは米を輸出することによって、自給自足の農村生活から市場経済へと社会構造が変わっていった。英国に税を課された農民は、米国に端を発する一九二九年の世界恐慌にも巻きこまれ、生活が困窮していった。

二〇世紀初め、日本にも三度訪れたことのあるウー・オッタマは、小国日本が大国ロシアとの戦争に勝ったということにも衝撃を受け、英国に対して反植民地闘争に身を投じた。ビルマ国内には独立の英雄「アウンサン将軍」の銅像は数多く建っているのだが、ウー・オッタマの姿を模して、ラカイン州の州都シットゥエーの公園には彼の銅像が建っている。ビルマでは、アウンサン将軍以外の人物の銅像は、数少ない。

ラカイン州シットゥエーの公園内に建つウー・オッタマの像

もう一人の有名な僧侶は、カレン州の州都パアン郊外に暮らしていた

厳しい太陽光線の下、稲刈りに精を出す女性。顔一面に「タナカ（ビルマの白粉）」を塗っている。

「ターマニャ僧正」として名を馳せたパオー人のウー・ウィヤナ（一九一二〜二〇〇四）である（二四〇ページ参照）。

半世紀を超える軍政の中で、人びとの暮らしは疲弊し暗い時代が続いた。恐怖政治の中で生きる人びとは、現在を改革するよりも、来世に希望を抱いていた。そこには「仏法によって平安をもたらす救世主」が民衆を統治するという、ある種仏教的な教えに心酔していた。そこで、高僧の存在にその救世主の姿を重ね合わせることにもなっていった。

また、これは個人的な印象だが、僧侶をはじめ両親や先生など、年長者を過度に敬う傾向のあるビルマ社会は、上座仏教から強い影響を受けてきた。学校の授業は暗記が中心で、先生に質問をしようものなら叱られる、という話もたびたび聞いた。質問するということは、先生の説明する内容に疑問を差し挟むことになると曲解されていたのである。それを軍政は、ルー・ジー（年長者・上位者。ルー＝人、ジー＝大きい）には否応なしに従うのが当然だと積極的に利用してきた面がある。

ビルマ社会における精霊信仰「ナッ神」

敬虔な上座仏教徒の多いビルマで、仏教以外の信仰に目を向けるのは、本来的には許されない。だが、日常生活を生きる人間は、厳しい修行を続けて涅槃に到達するという理想だけで日々暮らしていくのは困難である。だからこそ人間は他の「超越者」を創り出す。それは、ビルマでいえば、自然崇拝や願いを叶えてくれる神様「ナッ（神）」（Nat〈t〉Sprit）である。これは、欲・性・政治などにも関わる精霊のことである。この「ナッ」の存在は、ビルマでは広く知れ渡っており、いわば表の仏教に対して裏の「ナッ」という組み合わせでもある。この「ナッ」は三七種類あり、日本でいえば「萬《よろず》の神様」ともいえようか。

日本でのゆるやかな宗教的価値観、つまり仏教と神道、それにキリスト教やイスラーム教が日常生活に入っているように、ビルマでも、仏教生活の中に「ナッ」が深く浸透している。

変貌を遂げつつある最大都市ヤンゴンにあっても、町中を注意深く歩くと、家の前や街角に小さな祠があることに気づく。その祠こそが、「ナッ」である。デルタ地域を移動すると、「ウッシ

筏の上に建てられた「ナッ神」の祠（イラワジ地域ピャーポン）

ンジー」と呼ばれる水（河川や湖・海）にまつわる神様の祠を見ることもある（八三ページ参照）。

ただ、仏教を信仰の最高峰に位置づけるビルマでは、仏教と「ナッ」が同格に並列しているわけではない。「ナッ」には三七の神が存在しているとするが、それは四の倍数（世界を四および四の倍数にわけるヒンドゥー＝仏教の世界観）である三六の上に仏教の守護神タジャーミン（帝釈天）を置いたことに由来する。そして、それら三七の「ナッ」の像をビルマ最大の仏教遺跡群のあるパガンのパゴダに据えて、あくまでも「ナッ」が仏教の下に存在しているものだとする。

その「ナッ」は本来、その土地や自然から由来しているが、ビルマ王の権威に逆らって非業の死を遂げた歴史上の人物であることも多い。例えば、家の守護神である「マハーギリ」である。ビルマでは、

シャン州の州都タウンジー郊外で見かけたコーミョウシンの祠

その非業の死を遂げた者を「ナッ」として生まれ変わらせ、祭りを通してその伝説を受け継いでいる。

ビルマにおける仏教は、王権と「ナッ」とも深く関わっている。

「反逆者の霊を勅令によって祀ることは、その追随者を沈静させる効果をもつとともに、最終的には王権の優位を示している。他方でこれら伝説・祭祀は反抗の象徴表現であることにより、体制や支配への不満を象徴的レベルで解消させることになる」(田村克己「宗教と世界観」綾部恒雄・石井米雄編『もっと知りたいミャンマー』弘文堂所収)

また、各地域に根ざす独特の精霊が存在することから、実際は三七以上の「ナッ」があるとされている。外国人が見聞きする「ナッ」はビルマ民族中心のものだが、シャン州を訪れるとそこにはシャン族特有の精霊(コーミョウシン)の祠を見ることがある。

4　ロヒンジャ問題を考える

ビルマの歴史・民族・宗教が複雑に入り組んだ結果、「ロヒンジャ問題」（「ロヒンジャ」とはビルマ語読みで、「ロヒンギャ」は英語読み）が浮上してくる。海外のメディアはロヒンジャの問題を単に、民族紛争、宗教紛争と報道している。だが、この問題への理解こそが、ビルマの抱える問題をより深く考える手がかりとなる。

民主化問題よりも根が深い

バングラデシュと国境を接するビルマ西方のラカイン州で二〇一二年五月末、仏教徒のラカイン人女性がイスラーム教徒（ムスリム人）と目される三名の男性に強かんされ、殺害されるという事件が起こった。それに続いて、六月三日、ラカイン州タウンゴッ（Taunggok）でムスリム人たちの乗ったバスが仏教徒に襲われ、ムスリム人が一〇人殺害された（被害者の一人は仏教徒ともされる）。さらに、六月八日、ラカイン州北部マユ地域マウンドーで、仏教徒ラカイン人の村がイスラームを信奉するロヒンジャの人びとに襲撃された。翌九日には州都シットゥエーで、主にラカイン人が、ロヒンジャを含めたムスリム人に襲撃を繰り広げる事件（ムスリム人たちもそれに対抗した）が続き、それに治安部隊の出動で死傷者を増やした。この事件は、死者八〇人以上、負傷者も数百人以上、さらに焼き討ちや略奪が広がり、避難民を七万人出す事態にもなった（その後、事件は広がり、現在は十数万人のロヒンジャたちがラカイン州内の国内避難民キャンプに暮らす）。それを受けて、外国人のラカイン州への立ち入りは禁止された。

国際的にも一時期、この衝突のニュースは報道された。だが、それは単に仏教徒とイスラーム教徒の対立として、あるいはラカイン民族と「ロヒンギャ民族」との民族抗争・宗教対立として報道された。

東西冷戦が終結した一九八〇年代後半からの世界的な地域紛争の傾向が、ビルマでも起こっているのか。つまり、軍事独裁などの大きな権力基盤が失われたら、次は民族紛争が発生するというお決まりのパターンなのか。ビルマを専門とする日本の歴史学者はこう語る。

「ビルマにおける民族問題は、社会編成にかかわる根本的問題です。民主化問題より根っこが深く重大な問題で、独立後から一貫して変わりません」

だが、このロヒンジャ問題は民族紛争や宗教紛争の様相を示しているが、実はビルマ軍政の長年の政策がこの紛争の原因を作り出してきたといっても過言ではない。

仏教至上主義との対立

事件はいったん沈静化したが、二〇一二年一〇月二〇日にはラカイン州の州都シットゥエーから近いミンビャ（Minbya）で再び、ラカイン人とムスリム人たちの衝突が起こった。今度は、単にロヒンジャだけでなく、「カマン（Kaman）」と呼ばれるラカイン州に古くから暮らすムスリム人たちも巻き込まれた紛争になった。ロヒンジャを標的にした差別迫害が、ムスリム人全体に広がる様相も呈し始めた。

この段階にきて初めて、これらの一連の騒動が実は、いわゆる民族紛争・宗教紛争とは異なる事情が背景にあることがはっきりしてきた。「三〇年続いた軍事政権の結果、ビルマの犯した過ち、すなわち民族による差別、停滞した経済、蔓延する汚職、激しいインフレ、継続する山岳地域での武装反政府派勢力の活動などすべて集積された悲劇的な場所としてアラカンを挙げる識者は多い」（マーチン・スミス著、高橋雄一郎訳『ビルマの少数民族』明石書店）。

二〇一二年六月の衝突は、ラカイン人とロヒンジャとの積年の結果が吹き出したものだった。だが、一〇月の衝突は六月の余波を受ける形で、ラカイン人とロヒンジャとの衝突を煽り、ラカイン州の土地やエネルギー資源を得ようと、経済投資（発展）を目指す勢力が地元住民を追い出す計画を実行に移したともされる。

ビルマの一部の人びとは、ムスリム人であるロヒンジャたちが一方的な被害者であると報道する国際ニュースを快く思わない。そのため、国連の調査団やイスラーム協力機構ＯＩＣ(Organisation of Islamic Cooperation)が、政府と交換文書を交わしてラカイン州とヤンゴンに出張事務所を作ろうとした際、イスラームによる仏教国進出とも受け取られ、反対運動が起こった。ビルマ社会はこれまで、英国によるビルマへの植民地主義を恨み、欧米諸国の圧力に屈するのを良しとせず、軍事独裁制へと道を誤った。軍政の重しがなくなり、民政移管した後のビルマでは、仏教国ビルマがイスラーム勢力からの脅威を受けているという理由で、一部に過激な仏教至上主義に走るビルマ人が増えている。半世紀以上「閉ざされた国ビルマ」に暮らしてきた現地の人たちは、自由な発言が許されず、正確な情報が伝わりにくい状況に置かれていた。それゆえ、急激に情報があふれ出したビルマ社会は扇動的な言動が先走りしやすくなっている。ビルマ人でも非常にわかりづらいとされるロヒンジャ問題について、取材現場を歩いた外国人である私の経験から、特にこの問題を考えてみたい。

ビルマにおけるムスリム

ヤンゴン市内でタクシーに乗ったとき、タクシーの運転手にいつもの「バー・ルミョー・レー(あなたは何人ですか?)」という質問を投げかけると、「ラカイン人だよ」との返答があった。だが、タクシーの運転席の横に掲げられていたタクシーの登録票の名札は、どう考えても「ビルマ名」であった。「どうして、ビルマ名なの？　このタクシーは誰かほかの人の名義なの？」と重ねて問うと、「いやいや、私はラカイン人だけど、ここヤンゴンではビルマ名で通しているんだよ。その方が何かと都合がいいから」との返事だった。つまり、彼はラカイン人であるが、そのときその場所によって、自分の民族性を表に出さないようにしていた。

「あなたは何人ですか？」という問いの答えに対して、もう一つ気づいたことは、「ムスリム」と答える人びとがいたことである。

私の知るところでは、「ムスリム」を民族として答える例は、東欧の旧ユーゴスラビアが分裂したとき、ボスニア・ヘルツゴビナを母国とする人が「ムスリム人」として自らを名乗っていたくらいだ。それが、ここビルマでも「ムスリム人」と自ら名乗る人びとがいた。

マンダレーを訪れたとき、いつものように「あなたは何人？」と尋ねたら、「ムスリム」という答えが返ってきた。そのとき、私は何の気なしに「バーマ・ムスリム？（ビルマに暮らす、ムスリム人？）」と問いかけると、「いいえ、パンディー・ムスリム（中国系ムスリム）」と返す人がいた。また、ビルマ南部タニンダイー地域の最南端コータウンの町外れ、アンダマン海が目の前に広がる漁村で出会ったのは、「パシュー」と呼ばれるマレー系のムスリム人であった。

その後、ビルマ国内をまわって、ビルマでの「ムスリム人」には、いくつかのタイプがあるこ

「パンディー」と呼ばれる中国系のムスリムがモスクで拝む（マンダレー）。

とがわかってきた。

イスラーム教徒は大きく、シーア派とスンニ派の二つに大別される。世界的に見てもスンニ派が九割で、シーア派は一割ほど。その流れはここビルマでも変わりなく、九五％のムスリム人がスンニ派だとされている。だが、ビルマにおいて、ムスリムを区別する際には別の分け方がある。

ビルマ国内には大別して六つのムスリム人がいる。「バーマ・ムスリム」と呼ばれるビルマ系、インド・パキスタン系、「パンディー」という中国系、「パシュー」というマレー系、「ロヒンジャ」と自らが名乗るベンガル系、さらに一五〜一八世紀までに中東から西ビルマにたどり着きラカイン州にその子孫を残す「カマン・ムスリム」である。

これらムスリム人の中で「バーマ・ムスリム（ビルマ・ムスリム）」の人口が一番多く、彼らはビルマ語を話し、イスラーム教を信仰している以外の生活風習は一般のビルマ人と同じである。次にロヒンジャの勢力が続く。

軍政下のビルマで、私は地方に出ると、その土地をできるだけ自由に見てまわるため、オートバイを使うことが多かった。まずは宿泊先のホテルやゲストハウスでオートバイを借りる手配をする。だが、外国人相手にオートバイを貸してくれる者はほとんどいない。もちろん、私は法律を犯さないよう、ビルマ政府発行の正式な運転免許証を取得している。オートバイを借りる手配をする際、その運転免許証を提示するのだが、なかなかうまくいかない。

そんなとき、訪問先のムスリム人のコミュニティに足を運ぶと、多くの場合、オートバイを借りることができる。問題は値段交渉だけである。あるとき、そのムスリム人に「外国人にオートバイを貸して、政府が怖くないのかい?」と聞いてみた。すると、「怖い? ま、ちょっとはね。でも、何も悪いことをしていなければ全然問題ない。それに、俺たちは団結しているから、何があっても怖くないよ」と胸を張って答えてくれた。

ヤンゴンで二〇一二年七月、ようやく値段が下がってきた携帯電話のシム・カード(電話番号を登録している電子チップ)を買おうと、パンソーダン(Pansodan)通りに店を構える携帯電話の代理店に足を運んでみた。

だが、代理店の責任者はやはり、外国人にシム・カードを売るのをためらった。「なんとかならないのですか？」と粘ってみると、「どうしてもシム・カードが欲しいのなら、向かいの店に行きなよ」と、通りの向かいに建つ別の店を指さした。

その店に入ってみると、奥の机に座っていたのは、肌が浅黒い女性であった。もちろんその店で、自分が目的としていた携帯電話のシム・カードを買うことができた。その店がインド人かムスリム人の経営の店であることは一目瞭然であった。

ビルマ人口のうちムスリムは四～五％と推定される。だが、実際、ビルマをまわってみると、私の印象だと彼らの人口は一〇％にも一五％にも感じることがある。その一つの理由として、ムスリム人同士の団結の強さと経済的な成功があるかもしれない。町中の携帯電話の店を見渡すと、どうやら小規模の商店の経営者にムスリムが多いようであった。

ビルマ社会の反ムスリム傾向

ビルマ社会には、「カラー（kalar、サンスクリット語で「黒い」という意から派生）」という差別的な意味合いを含む呼称がある。特にインド人やムスリム人を指す言葉である。ビルマの最大都市ヤンゴンには、英国による植民地時代、ムスリム人を含む多くのインド人や中国人が流入してきた。

英国がビルマにおける植民地支配の中心としたヤンゴンは、ビルマ自体が英領インドの一部であったため、地域間の人の移動にそれほど制限はなかった。インド人の流入が続いた結果、ヤンゴンの人口はインド人が半分、ビルマ人は三割ほどになってしまった。当時、高利貸しとしてビルマ人農民を苦しめたのはこれらインド系の人や中国人であった。「イギリス人に導入されたインド人はビルマ在住外国人中もっとも多数を占め、かつては経済的には金融面で強い支配力を有し、他の東南アジア諸国と異なり経済的に華僑勢力をも凌駕していた」という記録もある（在ビルマ日本大使館編『世界各国便覧叢書　ビルマ』日本国際問題研究所）。

仏教徒たちによる、特にイスラーム教を信仰するインド人への反感は強く、一九三八年には死者二四〇名を出す衝突事件も起こっている。

一九四八年、英国から独立したビルマ人たちは、ようやく自分たちの国の「主人」となることによって、政治的な立場を確保した。やがてビルマ人たちはその立場を背景にして、インド人の地主や金貸しに対する不満を公言するようになった。というのも、自らが国民としての立場を得たとしても、実際の経済はインド人たちが握っている部分もあり、「なぜ我々は彼らより貧しいのだ」というルサンチマン的な意識の反動で、彼らを見下す傾向が出てきたからである。特に、ムスリム人同士は結束の強さから経済的に成功していると見られていたためか、ビルマ人からの反発が強かった。

やがて時が経つにつれ、ビルマ人の意識は、地主・高利貸し↓インド系↓肌が黒い↓ムスリム

路上の屋台に掲げられた「786」の看板

人たち、というように変化していった。それが、肌の浅黒い人（ムスリム人）に対する偏見と差別意識の生まれた理由の一つであると思える。

知り合いのビルマ人とヤンゴンの下町で一緒にご飯を食べる機会があった。その際、彼は「７８６」の看板の掛かった食堂には入ろうとしなかった。ビルマ全土を歩くと、大きな町ではどこにでも、食堂や喫茶店に「７８６」と書かれた看板を見かけることがある。これは、その店がムスリムの店だという印でもある。

「ここはムスリムの店だから入るのはやめる。彼らにお金を払いたくない」「７＋８＋６＝21だろ、彼らは二一世紀はムスリムの時代だと信じて、キリスト教やヒンズー教、仏教までも排除する傾向にある宗教なんだよ」と、ビルマ人社会で出まわっている勝手な解釈を私に披露してくれる。

高等教育も受け分別もある私の友人であったが、ムスリムに対する差別意識はあからさまだった。ちなみに、イス

「９６９」の看板を掲げた喫茶店（バゴー地域の幹線道路沿い。2015 年）

ラームと「７８６」とのつながりについては諸説あり、この「７８６」はアラビア語の『クアルーン』（コーラン）各章の冒頭に置かれる「慈悲あまねく慈愛深きアッラーの御名において」（バスマラ）の音を数字に置き換えたものという説もある。ちなみにこの数年、一部の急進的な仏教至上主義者たちは、イスラームの「７８６」に対抗するかのように、「９６９」（仏陀の九徳・法の六徳・僧侶の九徳）の数字を独自に強調することで、人びとの間にイスラームに対しての憎悪を煽り立てている。

　また、農業人口が約七割を占めるビルマでは、田畑を耕起するのに牛に犂《からすき》を牽《ひ》かせていることが多い。牛は日常生活の一部となっている。しかし、ムスリムたちは「イード・アル＝アドハー（犠牲祭）」のとき、祭りの習慣として牛を屠《ほふ》る。解体された牛が血で真っ赤に染まり、その肉が売り買いされているのを目の当たりにするのは、殺生を嫌う仏教徒たちの目にはあまり心地よく映らない。

仏教至上主義を掲げていたビルマ軍政は、ビルマ社会に潜む反ムスリムの傾向を利用して、団結力のあるムスリム人たちを国の政策として迫害してきた。ビルマ軍政は、国内で何か問題が起こるたびに、いやそれ以前に、経済的に苦しい庶民の不満を政権に向けないように、機会あるごとにイスラーム教の存在を利用してきたのだ。

二〇〇三年一〇月から一一月にかけて、ヤンゴンでは当局によるムスリムに対して厳しい取り締まりがあったり、上ビルマのマンダレーやチャウセー（Kyaukse）で仏教徒とムスリム人が衝突し、一一人の死者を出す事件も起こっている。一九九七年には、仏教徒の女性が強かんされ、二〇一二年の騒動の元になったのと同じような事件が起こっていた。

国民民主連盟（NLD）の重鎮であるウィンティン氏（二〇一四年四月、八四歳で死去）に、仏教徒ビルマ人とムスリム人との関係を聞いてみたことがある。「ビルマ人とムスリムは、これまで仲良くやってきたよ。問題はなかったよ」と、彼は私に語った。

ビルマ軍政は、自らの不当な支配の目をそらすため、常にムスリムの人びとを迫害の対象としてきたと思える。そんな構造的な差別意識は、ビルマ軍事政権時代に増幅されてきた。その負の歴史が、実は今も尾を引いている。

知り合いのビルマ人に、ちょっと意地悪な質問をしてみた。

「中国人と軍、どちらが嫌い？」

「軍だよ」

「キリスト教徒と軍、どちらが嫌い？」

「もちろん、軍だよ」

「では、ムスリムと軍、どちらが嫌い？」

「そりゃ、ムスリムだよ、当然だ」


仏教至上主義を掲げていた軍政の下、差別の対象に置かれていたのは、非仏教徒のムスリム人たちであった。そのムスリムたちの中でも、最も迫害されてきたのがベンガル系のムスリムであったロヒンジャである。

ロヒンジャ問題とは

ロヒンジャ問題とは何かを理解しようと思えば、ビルマ国内におけるムスリム人に対する偏見が、一部のビルマ人の間に、深く強くあるということを理解しておかねばならない。ビルマを歩きまわっているうちに、ムスリム人に対する、特に、ロヒンジャに対する非合理な差別があると肌で感じるようになっていった。

しかも、いくつかあるムスリム人の中で、どうしてロヒンジャだけ極端に迫害を受け続けているのか。それがもう一つわからなかった。

パンディーのムスリム人（中国系）やビルマ系ムスリム人に、「同じムスリムなんでしょう？どうして差別するの？」と聞いてみると、「奴らはミャンマー人じゃないから」という答えであった。つまりビルマ国籍を持っていない、不法移民だという政府見解をそのまま代弁しているのであった。だが、ロヒンジャ系のムスリム人たちは、独立直後の一九五〇年代初頭、ラカイン州北部のマユ地域に合法的に滞在する許可を、当時の民主政府（ウー・ヌ首相）から得ている。また一九九〇年の総選挙では、「ロヒンジャ」という名前は出せなかったが、イスラーム系のビルマ国民として選挙権も被選挙権もあり、実際、国会議員として彼らの代表者は当選している。なのに、彼らの存在は認められていない。

二〇〇九年一二月、私はビルマの隣国バングラデシュのコックスバザール（Cox's Bazar）郊外にあるロヒンジャの難民キャンプを訪れた。ロヒンジャの人に直接話を聞こうと思ったからである。その前に、バングラデシュ側に暮らすロヒンジャの人びとについて若干の説明が必要であろう。ビルマ西部ラカイン州からバングラデシュに難民が大流出する事件は、一九八七年と九一年に起こっている。いずれの場合も二〇万～三〇万人を超すロヒンジャたちが、両国を隔てる国境線である川幅五〇メートルほどのナフ川（Naff River）を越え、バングラデシュ側に渡った。両国

バングラデシュからナフ河を隔ててビルマ側を望む。非合法の人の出入りを遮る壁の建設が始まっていた（2009年）。

の国境線の確定は、一九六六年である。それまではこの周辺に暮らす人びとは、国境をあまり深く意識することなく、ナフ川を越えて往来していた。

ビルマが英国から独立したのが一九四八年である。当時の民主政権であったウー・ヌ首相は、ムスリム人の問題を解決するため、北ラカイン州のマユ地域に「ロヒンジャ」の特別行政区を設置した。また、一九五〇年代頃まで「ロヒンジャ」という呼称は公に使われていなかった。

ラカイン州の人口は三〇〇万〜四〇〇万人とされ、その大多数は仏教徒ラカイン人である。州都シットゥエーは仏教徒ラカイン人とムスリム人の比率がちょうど同じくらい。ただ、マユ地域に限っては、特にマウンドーとブーディーダウン(Buditaung)の人口は、ロヒンジャが九割を占め、仏教徒は少数派になっている。ロヒンジャの人びとは、ほぼ一〇〇%がイスラーム教を信奉する集団である。

国境線が決まると、ビルマにしろバングラデシュにしろ、国境線を守ろうとするのが普通である。特にビルマ側は一九九二年、「ナサカ（Nasaka）」と呼ばれる、他のビルマ国内で隣国と接する地域では見られない、特別な国境警備隊を組織するようになる（民政移管後の二〇一三年八月解体）。主にこの「ナサカ」が、ロヒンジャたちを迫害し、人身売買を含む両国間の密貿易を見逃したりしてきた組織である。

バングラデシュ政府は、ロヒンジャたちがイスラーム教という信仰を同じくするといっても、国内が経済的に厳しい状況下では、ビルマから流入する難民に十分な手当をすることができない。当然、ロヒンジャ難民の暮らしは厳しいものとなっていた。

その後、サウジアラビアやインドネシアなどイスラーム諸国、UNHCR（国連難民高等弁務官事務所）などの仲介もあって、一九八七年と一九九一年にバングラデシュに流出した大多数のロヒンジャ難民はビルマ側に戻った。

バングラデシュ側に残ったロヒンジャ避難民は現在、一大観光地として有名なコックスバザール海岸の南東、ビルマとバングラデシュ国境地域に設けられた二つの公式難民キャンプと非公式難民キャンプに約五万人が暮らしている（公式キャンプは一九九一年頃までにバングラデシュに渡り、そのまま居着いたロヒンジャたちを収容している。それ以降、バングラデシュに逃げ込んだロヒンジャは非公式キャンプで暮らす)。

しかし、コックスバザールから南部のテクナフ(Teknaf)までの地域には、難民キャンプの外に、ロヒンジャたちが二〇万人以上が生活している。ロヒンジャの人数は、実は難民キャンプに入っていない人びとの方が多いのである。

ロヒンジャの難民キャンプを訪れた際、いつものように、彼らに対して「あなたは何人?」という質問をビルマ語でしてみた。最初に気がついたのは、彼らの多くはビルマ語を喋らないことであった。私の話す簡単な「出身地は」とか「仕事は何をしてましたか」という簡単なビルマ語もわからないようであった。

通訳として一緒に行動してくれた知人は「彼らにとってビルマ語は日常語じゃないんだ。彼らの多くが話すのは、チッタゴン丘陵方言のベンガル語なんだ。だから、ここコックスバザールやテクナフのベンガル語とは違うんだ。地元の人にはその違いがわかるから、ここではベンガル人(バングラデシュ人)からも差別されているんだ」と説明してくれた。

ロヒンジャの難民キャンプで、通訳を通して私は質問を続けてみた。「あなたは何人ですか?」という問いかけに、多くの人が「ムスリム」という答えを返してきた。実際、「ロヒンジャ」と返答してくれた人は数少なかった。ビルマ国内と同じ、ここでも彼ら彼女たちは、ロヒンジャという「民族意識」よりも「ムスリム人」としての意識が強かった。もちろん「我々、イスラーム

バングラデシュ東部コックスバザール近郊のロヒンジャの非公式キャンプ

教を信じるロヒンジャ民族は、ビルマで差別されている」と英語で説明してくれる人もいた。難民キャンプが位置する地元ウキア（Ukhia）のバングラデシュ人（ベンガル人）は、ロヒンジャの人びとを「バーマ・ジャ（ビルマ人）」と呼び、「ロヒンジャ」と呼ぶことは少なかった。

クトゥパロン（Kutupalong）難民キャンプで話を聞いて驚いた。「非公式キャンプ」に暮らすロヒンジャの人が、隣り合う「公式キャンプ」の井戸で水を汲んでいると、公式キャンプの難民たちから袋だたきにされたのだという。ロヒンジャ難民たちは、ビルマ軍政から逃れて苦境を続ける同じ難民なのにである。公式と非公式の二つのキャンプを隔てるのは、柵でもフェンスでもなく、わずか五〇センチの汚れた水路である。また非公式キャンプでは、子どもたちの教育のために学校を作れば、たちまちバングラデシュ当局によって壊される。一方、目の前の公式キャンプには、コンクリート造りの学校が建っている。バングラデシュ当局は、ビルマ側からのさらなる難民の流入を怖れて、非公式キャンプの環境改善を許さないのだ。そんな不公平な難民キャンプを改善する訴えは、バングラデシュ政府やＵＮＨＣＲに向かわねばならないのだが、実はそうはなっていない。公式キャンプと非公式キャンプに暮らすロヒンジャたちの生活には格差があり、いがみ合う構図となっている。不平不満のはけ口は、常に目の前の人に向かっている。

英語を話す二〇代後半のロヒンジャの男性に聞いてみた。

――タイ国境のカレン人難民キャンプでは、例えばＫＹＯ（Karen Youth Organization＝カレン青年組織）やＫＷＯ（Karen Women's Organizaton＝カレン女性組織）などを作って啓発活動をしたり、難民としての地位向上の啓発活動をしているが、ここではそんな動きはないのですか。

「以前、若い人たちが集まって活動をしようとしたら、キャンプに暮らす年長者が、『俺たちはムスリムなのだから、モスクでお祈りすることができればいいんだ。余計なことはしなくていい』っていわれたんです。それから特に積極的に動こうとは思わなくなりました」

バングラデシュのラカイン人難民

実は、ビルマ政府の迫害に遭ってビルマからバングラデシュに逃れたのはロヒンジャたちだけではない。コックスバザールにはおよそ三〇〇人のラカイン人たちが避難民として暮らしている。仏教徒であろうが、イスラーム教徒だろうが、軍政の抑圧は宗教を選ばなかった。そのラカイン人たちはもちろん、ＵＮＨＣＲから難民として認められ、ＵＮＨＣＲ発行の難民登録証を持っている。もっとも彼らは難民キャンプではなく、コックスバザールのラカイン人コミュニティや仏教徒の共同体に身を寄せている。そのせいか、難民としてはロヒンジャほど公に知られていない。

バングラデシュは、東パキスタンを経てインドから独立したイスラーム国家だが、その昔は仏教が栄えた地域である。バングラデシュ国内に二つあるユネスコ登録の世界遺産の一つは、首都ダッカ（Dhaka）近郊のパハルプールの仏教寺院遺跡群である。そのバングラデシュのビルマ側に近い東部のチッタゴンという地名は、ラカイン人の説明によると、ラカイン語に由来し、「戦争の砦」を意味する、という。チッタゴン丘陵の歴史と重ね合わせると、バングラデシュ東部は、仏教王朝アラカンの一部だと考えることができる。

ラカイン人がイスラームを怖れる理由

バングラデシュのコックスバザールに暮らす仏教徒のラカイン人たちは、「コックスバザールの仏教徒の土地にもベンガル人が否応なしに入って来ています。バングラデシュの裁判所が退去の命令を出しても、人口が増え続けるベンガル人は私たちの土地に侵入してきます。それが実態なんです」と説明する。

彼らに、コックスバザール市内に建つパゴダの敷地を案内してもらった。その区画は本来、仏教徒たちの所有地であるが、敷地内はおろかパゴダ（仏塔）の五メートル近くまで地元バングラデシュ人（ベンガル人）の粗末な小屋が迫り、不法占拠状態になっていた。

コックスバザールの仏教徒ラカイン人が嘆きながら訴える。

「土地を奪われ続けているのは、現実問題として脅威と恐怖であり、毎日の生活の実態なのです」

ラカイン人の難民たちが身を寄せ合って暮らしている区画で、彼らの身の上話を聞いていたら、日本人が来ているということで、一つの冊子を見せられた。二〇世紀初め、ラカイン州に生まれた仏僧ウー・オッタマが、一九一四年にビルマで出版した『日本国伝記』の日本語訳であった。

前述のようにウー・オッタマは英国の植民地支配の抵抗運動を指導した高僧である。また、別のラカイン人からは、英語とベンガル語で書かれた、コックスバザールに建つ仏教寺院を紹介している『RAKHINENALOK』（Oct.2008）という小冊子を手に入れた。その冊子の扉を開いて驚いた。

「第二次大戦中の一九四二年四月、日本軍の爆弾によって命を落とした祖母（六五歳）と姉妹（五歳と三歳）の三人の思い出に捧げて」と記されてあった。

アジア太平洋戦争時、日本軍はコックスバザールまで侵攻し、そのときの記憶が二〇〇八年の時点でも、一部ではあるかもしれないが、現地で語り継がれているのであった。

「（日本占領期に）日本とイギリスがそれぞれに宗教別に地元の人々から構成される軍を作り、戦わせたということです。（中略）両者の軍事的対立は帝国主義イギリスを倒すとか、ファシスト日本を倒すという大目的ではなく、イスラム教徒対仏教徒の血で血を洗う民族紛争、宗教紛争と化していきました。そして、両者の間に取り返しのつかないトラウマがこの時に生じるわけです」（根本敬「〈ロヒンギャー問題〉の歴史的背景」『アリンヤウン』No.33所収）という話が裏付けられる。

バングラデシュのロヒンジャ難民キャンプで聞いた言葉も忘れられない。

「ビルマではラカイン人には強制労働は課せられない。われわれロヒンジャだけが苦しんでいる。強制的に立ち退きになったわれわれの土地にラカイン人が入植してくる」

同じように、コックスバザールのラカイン人は私に言う。

バングラデシュ東部コックスバザール市内の仏教寺院（上）。バングラデシュ東部コックスバザール市内のラカイン人コミュニティ。パゴダ（仏塔）のすぐそばまでバングラデシュ人の住居が迫る。

「われわれラカイン人もロヒンジャと同じように難民で、ビルマ軍政から迫害を受けているんだ。どうしてロヒンジャだけを助けるのだ。どうして国連も国際社会もメディアもロヒンジャばかりに目を向けているのだ」

ロヒンジャをめぐって引き起こされる問題は、本来の難民流失の原因であったビルマ軍事政権の抑圧政策から、いつの間にか目がそらされている。ロヒンジャの難民キャンプにおいても、ビルマとバングラデシュの国境でも、ビルマ国内の仏教徒とイスラームのコミュニティにおいても、軍政下で積み重なる不平不満のはけ口は、民族と宗教を理由にして、目の前の対立しているように見える相手にだけ仕向けられている。

ロヒンジャは「民族」か

ロヒンジャを巡る私の最大の疑問は、中国系のパンディー・ムスリム、マレー系のパシュー・ムスリム、またムスリム人以外のポルトガル系のバインジーの人びと（ビルマ国内に約三〇〇年間暮らす）さえも表だって、「我々は土着の民族（先住民族）だ」と主張をしていないのに、どうしてロヒンジャたちは、ビルマの人びと、特にラカインの人びとの強い反発を受けながらも、ロヒンジャという「民族性」を強く主張しているのか、ということである。

ロヒンジャの人びとは、自らのアイデンティティとして、イスラームがまず初めにくる。また、ロヒンジャたちの「我々は何世代にもわたってアラカンに住み続けてきた民族であるから、当然、ビルマに居住する権利はある」という主張は、仏教支配のアラカン王朝を祖先に持つラカイン人たちの誇りを傷つける（否定する）ことになる。つまり、ロヒンジャたちは、自分たちがラカイン州を発祥とする民族性を主張することによって、アラカン王朝はもともとイスラーム王朝だと公言しているのである。それは仏教至上主義的なビルマ人をも憤慨させる。

軍政下ビルマで、ビルマ族も少数派民族も、長らく超法規的な状態に置かれ、公平で公正な扱いをされてこなかった。特にバングラデシュと国境を接するラカイン州北部で、国境警備組織ナサカを筆頭として軍政の役人や軍関係者は、賄賂を得ながらバングラデシュとビルマ間の不法な入出国を見逃したり、あるいはバングラデシュ人（ベンガル人）にビルマ人としての不法な身分証明書を発行してきた。そのためラカイン州北部では自ずとロヒンジャと呼ばれる人の数が増えてきた。国境の確定が一九六六年であるから、その時期の前後までは主にチッタゴンから多くのバングラデシュ人がビルマに流入していたと想像するのは難くない。

私には、ロヒンジャの人びとが自分たちの民族性を強く主張するのは、半世紀に及ぶ軍政下で、ビルマ人の誰よりも、また他のどの民族よりも差別され、さらに同じムスリム人たちからも蔑まれ、最も差別され迫害を受けてきたがゆえに、彼ら彼女たちがとった生存をかけた最後の砦ともいえる主張を展開したのではないかと思わざるを得ない。

「我われは昔からここに住んでいたのだ」と、自分たちが土着の民族であると主張をすることで、そこにビルマ国内で暮らし続ける可能性を見出していったのではないか。それが、彼らに残された生き抜くための唯一で最後の方法（叫び声）であるように思える。

ラカイン人たちは、どうしてロヒンジャたちがこのような主張をするのか、同じ軍政下で虐げられてはいたが、その主張の背景を十分に想像していない。〈アラカン王朝は仏教王朝だ〉とするラカイン人たちは、ロヒンジャたちの〈アラカン王朝とはイスラーム王朝〉という主張を絶対に受け入れられない、とする。上座仏教徒としてのその強い思いと軍政下で培われてきた差別意識とが絡まって、ロヒンジャたちの存在さえ認めようとしない。その上、上座仏教を日常生活に取り入れているビルマ人たちも、ラカイン人の考えを支持している。

また、軍政に抵抗してきた他の少数派の諸民族は、政府に対して少数派民族としての共同戦線を維持するため、この「ロヒンジャ問題」には深入りしようとしない。この問題はラカイン人たちに任せているという実態がある。少数派民族たちがまとめた軍政による抑圧の報告書には、カレン人やシャン人の難民キャンプの実態の記述はあるが、ロヒンジャの難民キャンプには全く触れていない。

ロヒンジャ問題について、軍政は二〇〇四年四月、国連子どもの権利委員会に左記のような回答文を送っている。

「政府はこれらの人々に対し、出生・死亡登録、教育、保健、福祉などについて、他の民族と同様の完全かつ公平な処遇を行っている。公的記録では、彼らはベンガリー種族のベンガリー民族グループとしてリストに掲載され、ビルマ国内の永住者として認められている」

しかしながら、これらの文言は完全に反故にされ、実際のところ、まったく履行されてこなかった。だからこそ、ロヒンジャの人びとが、自分たちの生存をかけて抗議行動を起こしているのである。

もしロヒンジャの人びとが法的に十二分に保護され、安心した生活を送れるのなら、彼らは自分たちが土着の民族であるというアイデンティティに固執する主張をそこまで押し出しはしないのではないのだろうか。

ビルマ軍政が「民政化」された今、自由にモノをいえる雰囲気が人びとの間に広がっている。民政移管した政府でも、公式の文書には「ロヒンジャ」という文言は使われず、一貫して「ベンガリ」という語句が使われている。また、ラカイン人やロヒンジャたちの間にもいくつかの組織があり、そこには穏健な人から急進的な人までさまざまな人がいる。だがビルマの現状を見てみると、声の大きい急進派の主張がもっぱら紹介され、それが紛争に拍車をかける状態に陥っている。血が流れることによって、人びとの憎悪が増幅され、このロヒンジャ問題の元々の原因が忘れ去られてしまっているのだ。

ラカイン州で発生し広がった紛争は表面上、「仏教徒VSムスリム」、「ラカイン人VSロヒンジャ」という、「宗教紛争」や「民族対立」の構図であるが、実はその紛争の背景には、半世紀近く続いたビルマ軍政の政策の負の歴史、ビルマ社会におけるイスラームに対する差別意識、さらにこの紛争を利用して現地の人びとから彼らの土地を奪おうとしている別の勢力が存在している。

軍政の重しが取れた今だからこそ、ロヒンジャ問題を解決するための方策を考えるために、その「民族問題」を一時的に棚上げにするのが、今のところ最優先ではないかと思うのである。ビルマに関わる人が「ロヒンジャ問題」を話題にしようとするとき、ロヒンジャを「民族」として扱う限り、ラカイン人やビルマ人が反発するため、問題解決は一向に進まない。ロヒンジャの人びとが求めているのは、民族的なアイデンティティよりも、平和で公平で安全な生活なのである。

スーチー氏は、「ラカイン州での暴力について、問題の根源を見ずに片方の肩を持つわけにいかない、まずは法の支配の確立が必要」と述べている。

差別意識は、宗教や民族に限ったものではない。異なる者に対する排外的な意識や感情を抑えるには、今のところ人権思想に基づいた法の支配を目指すしかない。しかし、その道を歩むには、これからも犠牲が払われなくてはならないのだろうか。

あとがき

これまでビルマを紹介する際には、常に暗いイメージがつきまとっていた。軍事政権・人権侵害・貧困・内戦・難民・麻薬取引……。

スーチー氏はかつて、欧米諸国からの経済制裁を支持し、「ビルマに観光に来るのを控えてください。観光客が落とすお金は軍事政権の懐を潤すことになるだけです」とも語っていた。それが今や、スーチー氏自身が幾度となく外遊を繰り返す身になり、「若者のための仕事を増やすために投資をしてほしい」と訴えるまでになっている。日々、驚きの連続である。

二〇一一年八月初め、私はヤンゴンから約一三〇〇キロメートル北方のカチン州バモーに滞在していた。数日前、三度目の自宅軟禁から解放されたスーチー氏がバゴーというヤンゴン近郊の町を訪れ、解放後初めて演説を行った。私はその様子を取材するため、密かにバゴー入りしていたのだ。取材後、ヤンゴンに留まっていては逮捕の恐れがあるため、身の安全を考えて、遠い北の地に飛んだのであった。

2011年８月、大統領の執務室でテインセイン大統領とアウンサンスーチー氏の２人だけの会見がもたれた。この会見以降、さまざまな改革が始まった。大統領の執務室に飾られているアウンサンの肖像写真は軍服ではなく平服である。

カチン州バモーでは、中国系のカチン人に町の様子を訊ねてみた。ビルマ国軍の兵士が銃を持ってうろつくので怖い、カチン軍とビルマ国軍の内戦で治安が安定していない、などという話が次々に出てきた。そのことから、新政権になっても、やはりビルマの変化は望めないなあ、という印象を強く持った。

それが翌日、その印象が一八〇度転換してしまう。カチン州バモーからザガイン地域カターに向かって船で移動した際、地元の人が読んでいた新聞を見て驚いた。その新聞に、テインセイン大統領とスーチー氏が並んでいる写真が載っていたのだ。船上の誰もが二人が載ったいくつかの新聞を食い入るように見入っていた。それまではビルマ人の多くはスーチー氏の写真を隠し持つのが通常であったからだ。それが、スーチー氏の写真が堂々と、種類の異なるさまざまな新聞に載っているのだ。

カターを経てマンダレーにたどり着いた後、インターネット・カフェで情報収集をしているとき、隣に座った男の子と知り合いになった。彼は当時の最新式のスマートフォンを持っていた。

「ところでおじさんは、いつからミャンマーに来ているの？」

「私？　そうだね、一九九三年からだから二〇一一年の今年で一九年目だよ」

「一九年も。じゃあ、僕が生まれる前からなんだ。昔のミャンマーはどんな感じだったの？」

彼は一八歳であった。これを聞いて、私は唸ってしまった。そうか、いつの間にかそんなに時がたってしまったんだ。軍事政権国家で何が起こっているのか、どのように人びとは暮らしているのか。それらを現在進行形で伝えるのが自分の役割だと思っていた。今や時代は変わったのだ。自分はビルマで何を見てきたのか、ビルマとはどのような社会であったのか、それらの記録を後に続く人に残していくのも大切な仕事なのだと思い至った。


ビルマを案内するためのガイドブックをまとめるのに当たって、変化の激しい今のビルマ社会を見直すのに苦労した。これまで軍政下での行動の多くは、潜入取材であったため、手持ちの資料の多くは役に立たず、地名や移動の詳細を再確認することに困難を伴った。十数万枚の記録写真を元に、記憶を呼び起こしてきた。

これからのビルマ旅行は、自由な移動が可能となった旅行者たちが、個々に現地の人びとと交流しながら、それぞれの旅行記録を紡ぐことになるであろう。東南アジア各地を訪れた私の経験でも、ビルマは安全な旅行先に挙げることができる。また、本書が紹介する、いわゆる観光ルートから外れた地方都市は、いまだ外国人の旅行者は少なく、地元の人びとは例外なく訪問者を暖かく迎えてくれることだろう。

本書をまとめるにあたって、取材中に感じた緊張感を何度も思い出し、時として原稿の進行が中断することもあった。民政移管した後のビルマに入国したときも、私服の官憲の目が光っていないか、誰かに尾行されていないか、たびたび不安に陥った。やがて、そんな心配はもう必要ないと実感するようになると、それもまた反動なのだろうか、今度は軍政下での二〇年間の取材の疲れがどっと出てしまった。

この間の仕事として、軍政時代のビルマの実態を記録した『閉ざされた国ビルマ』(高文研)を著すことができた。また、二〇一三年には現地で外国人初の写真集『Peoples in the Winds of Change』を出版することもできた。そして、今回も前著同様、高文研の真鍋かおるさんにはお世話になった。

長年のビルマ取材では、現地の知人・友人にはいつも惜しみのない協力を仰いできた。特に、二〇一二年一二月に四五歳で急逝した友人の Ko Myo Thet Oo にお礼が言いたい。

二〇一四年四月に八四歳で天命を全うしたウー・ウィンティンは、一九年におよぶ獄中生活から解放された後も、清貧のジャーナリストとして、ＮＬＤの指導者としてビルマ社会の改革に全身全霊を注いでいた。そんな彼に出会えて何度も話をする機会を持てたのは、何物にも代えられない貴重な財産となっている。在りし日の彼の姿を思い浮かべると、今も胸が熱くなる。

また、日本では、いつも辛辣なコメント付きながらも応援していただいている Naung Myo さん、ビルマ支援に絶え間なく精力を注いでいるビルマ救援センター（ＢＲＣＪ）の中尾恵子さんにはお世話になりっぱなしである。

ビルマの大きな変化に合わせたように、私個人の生活も大きく変わった。ビルマの民政移管と同じ時期の二〇一一年二月、わがまま勝手なフリーランス・フォトジャーナリストと生活を共にするようになった我がパートナーに本書を捧げたい。

二〇一五年三月二九日

宇田有三

宇田　有三（うだ・ゆうぞう）

1963年神戸市生まれ。フリーランス・フォトジャーナリスト。90年教員を経て渡米。ボストンにて写真を学んだ後、中米の紛争地エルサルバドルの取材を皮切りに取材活動を開始。軍事政権・先住民族・世界の貧困などを重点取材。95年神戸大学大学院国際協力研究科で国際法を学ぶ。「平和・共同ジャーナリスト基金奨励賞」「黒田清ＪＣＪ新人賞」他。
主な著書・写真集は、『閉ざされた国ビルマ―カレン民族闘争と民主化闘争の現場をあるく』（高文研）、『ビルマ軍事政権下に生きる人びと』（企画・編集：財団法人アジア・太平洋人権情報センター、発売：解放出版社）、「民政移管」後のビルマ（ミャンマー）において、外国人初の出版物として発行した『Peoples in the Winds of Change』などがある。
ＨＰ：http://www.uzo.net/
メール：info@uzo.net

観光コースでないミャンマー（ビルマ）

●二〇一五年四月二五日――――第一刷発行

著　者／宇田　有三

発行所／株式会社 **高文研**
東京都千代田区猿楽町二―一―八
三恵ビル（〒一〇一―〇〇六四）
電話０３＝３２９５＝３４１５
http://www.koubunken.co.jp

印刷・製本／三省堂印刷株式会社

★万一、乱丁・落丁があったときは、送料当方負担でお取りかえいたします。

ISBN978-4-87498-566-3　C0036

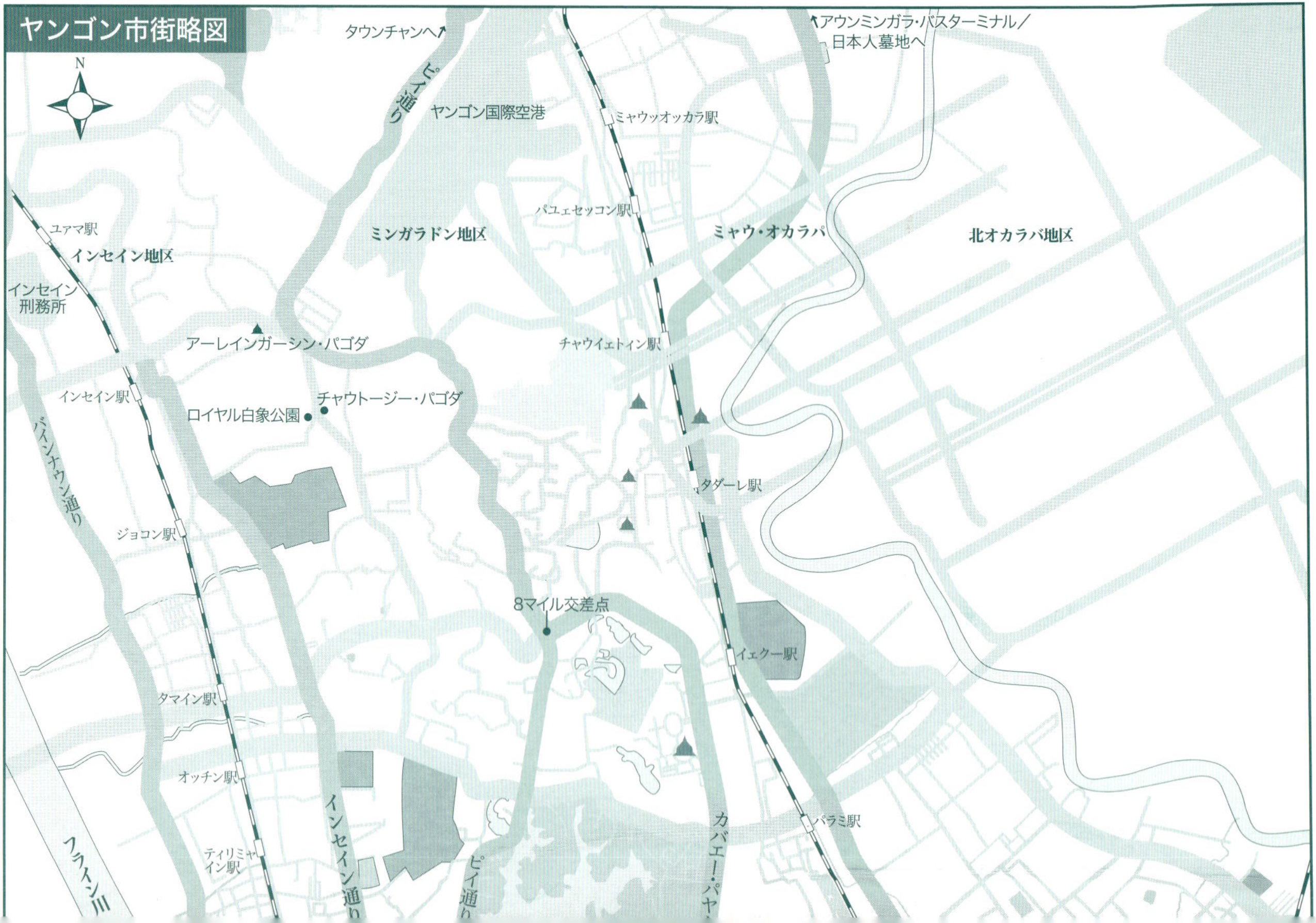
ヤンゴン市街略図
N
タウンチャンへ↗
ピイ通り
ヤンゴン国際空港
↖アウンミンガラ・バスターミナル／
日本人墓地へ
ミャウッオッカラ駅
パユェセッコン駅
ユァマ駅
インセイン地区
ミンガラドン地区
ミャウ・オカラパ
北オカラパ地区
インセイン
刑務所
アーレインガーシン・パゴダ
チャウイェトィン駅
インセイン駅
チャウトージー・パゴダ
ロイヤル白象公園
バインナウン通り
タダーレ駅
ジョコン駅
8マイル交差点
イェクー駅
タマイン駅
オッチン駅
インセイン通り
カバエー・パヤー
パラミ駅
ティリミャイン駅
ピイ通り
フライン川